PYTHON APLICADO

EUGENIA BAHIT

Informática Teórica[†]
Elida Bahit Research Centre

EBRC Publisher

Londres • Buenos Aires
2020

[†] Directora del Elida Bahit Research Centre de Reino Unido. Contacto: www.elidabahit.co.uk

PYTHON APLICADO
© 2020 EUGENIA BAHIT

Excepto donde se indique lo contrario, el contenido de este libro está distribuido bajo una licencia Creative Commons Atribución No Comercial Sin Derivadas 4.0 Internacional (CC BY-NC-ND 4.0). La copia y distribución sin fines de lucro se encuentran permitidas. Texto completo de la licencia: https://creativecommons.org/licenses/by-nc-nd/4.0/deed.es

ISBN: 978-1-8381901-2-5
e-ISBN: 978-1-8381901-3-2

Título original: Python para principiantes, Edición 2020
Adaptado en Reino Unido por EBRC Publisher
71-75 Shelton Street, Covent Garden, London, WC2H 9JQ
Editora: Eugenia Bahit
www.eugeniabahit.co.uk

Diseño interior: Amanda Kraft
Diseño de portada: Julia Davies

A quienes construyen sus sueños con pasión y se esfuerzan para alcanzar sus metas.

Índice de contenidos

Prólogo: entender la diferencia entre programar y codificar..7

1. Primer acercamiento al *Scripting*..11
   Convertir un script en comando del sistema..12
2. Acerca de Python...13
   Glosario...13
3. Elementos del Lenguaje..15
   Variables...15
   Entrada y salida..16
   Tipos de datos...17
   Codificación de caracteres (encoding)..18
   Operadores Aritméticos..19
   Comentarios..19
4. Tipos de datos complejos...20
   Tuplas..21
   Listas...21
   Diccionarios..22
5. Estructuras de Control de Flujo..23
   Sangrado..23
   Estructuras de control de flujo condicionales..24
      Operadores lógicos..25
   Estructuras de control iterativas..26
      Bucle while...27
      Bucle for..29
6. Funciones..30
   Funciones definidas por el usuario...30
      Sobre los parámetros...31
      Parámetros por omisión..32
      Claves como argumentos..33
      Parámetros arbitrarios..33
      Desempaquetado de parámetros..34
      Llamadas recursivas y de retorno...35
   Sobre la finalidad de las funciones...36
   Conceptos avanzados sobre funciones..36
      Lambdas...36
      Clausuras (closures)...37
      Envolturas (wrappers) y decoradores..39
         Funcionamiento de las envolturas y decoradores......................40
7. Importación de módulos..42
8. Manipulación de cadenas de texto...45

Inyección de variables..45
Métodos de formato...47
   Convertir a mayúscula la primera letra...47
   Convertir una cadena a minúsculas...47
   Convertir una cadena a mayúsculas...47
   Convertir mayúsculas a minúsculas y viceversa.......................................47
   Convertir una cadena en Formato Título...48
   Centrar un texto...48
   Alinear texto a la izquierda...48
   Alinear texto a la derecha...49
   Rellenar un texto anteponiendo ceros..49
Métodos de Búsqueda..49
   Contar cantidad de apariciones de un fragmento de texto........................49
   Buscar un fragmento de texto dentro de una cadena................................50
Métodos de Validación..50
   Saber si una cadena comienza por un texto determinado..........................50
   Saber si una cadena finaliza con un texto determinado.............................50
   Saber si una cadena es alfanumérica...51
   Saber si una cadena es alfabética..51
   Saber si una cadena es numérica...51
   Saber si una cadena contiene solo minúsculas..52
   Saber si una cadena contiene solo mayúsculas.......................................52
   Saber si una cadena contiene solo espacios en blanco.............................53
   Saber si una cadena tiene formato tipo título...53
Métodos de Sustitución..53
   Dar formato a una cadena, sustituyendo texto dinámicamente..................53
   Reemplazar texto en una cadena...54
   Eliminar caracteres a la izquierda y derecha de una cadena......................54
   Eliminar caracteres a la izquierda de una cadena.....................................55
   Eliminar caracteres a la derecha de una cadena.......................................55
Métodos de unión y división...55
   Unir una cadena de forma iterativa...55
   Partir una cadena en tres partes, utilizando un separador.........................56
   Partir una cadena en varias partes, utilizando un separador......................56
   Partir una cadena en en líneas...56

9. Manipulación de listas y tuplas...57
Métodos de agregado...57
   Agregar un elemento al final de la lista..57
   Agregar varios elementos al final de la lista...57
   Agregar un elemento en una posición determinada...................................58
Métodos de eliminación..58
   Eliminar el último elemento de la lista...58

Eliminar un elemento por su índice..58
Eliminar un elemento por su valor...59
Métodos de orden..59
Ordenar una lista en reversa (invertir orden)................................59
Ordenar una lista en forma ascendente..59
Ordenar una lista en forma descendente......................................59
Métodos de búsqueda...60
Contar cantidad de apariciones elementos...................................60
Obtener número de índice...60
Anexo sobre listas y tuplas..60
Conversión de tipos..60
Concatenación de colecciones...61
Valor máximo y mínimo...61
Contar elementos...62

10. **Manipulación de diccionarios**..**62**
Métodos de eliminación..62
Vaciar un diccionario..62
Métodos de agregado y creación..63
Copiar un diccionario..63
Crear un nuevo diccionario desde las claves de una secuencia...........63
Concatenar diccionarios..64
Establecer una clave y valor por defecto.......................................64
Métodos de retorno..65
Obtener el valor de una clave..65
Saber si una clave existe en el diccionario....................................65
Obtener las claves y valores de un diccionario...............................65
Obtener las claves de un diccionario..67
Obtener los valores de un diccionario...67
Obtener la cantidad de elementos de un diccionario.......................68

11. **Manejo y manipulación de archivos**...**68**
Modos de Apertura de un archivo...68
Algunos métodos del Objeto File...70
Acceso a archivos mediante la estructura with................................71

12. **Manejo de archivos CSV**...**71**
Algunos ejemplos de archivos CSV...72
Trabajar con archivos CSV desde Python...74
Lectura de archivos CSV..74
Escritura de archivos CSV..76

13. **Manipulación avanzada de cadenas de texto**..............................**78**
Expresiones regulares en Python..79

14. **Creando menús de opciones**..**81**
Creación de un menú de opciones básico...81

Creación de un menú de opciones con argparse	82
Paso 1: Importación del módulo	83
Paso 2: Construcción de un objeto ArgumentParser	83
Paso 3: Agregado de argumentos y configuración	83
Paso 4: Generación del análisis (parsing) de argumentos	86

15. Generación de registros de sistema..**88**

Principales elementos del módulo logging.................................89
Obtención de argumentos por línea de comandos con argv...........93
Captura básica de excepciones con try y except.......................93

16. Módulos del sistema (os, sys y subprocess).........................**95**

El módulo OS..95
Variables de entorno: os.environ...97
Ejecución simplificada de comandos del sistema........................98
Ejecución de comandos del sistema mediante Popen y shlex.split...........99
Capturar la salida estándar y los errores..............................100
Emplear la salida de un comando como entrada de otro...............101
Variables y funciones del módulo sys...................................102

17. Conexiones remotas (HTTP, FTP y SSH).............................**105**

Conexiones remotas vía HTTP y HTTPS.................................105
Conexiones remotas vía FTP..107
Solicitando la contraseña con getpass..................................109
Conexiones SSH con Paramiko..109
Requisitos previos..109
Uso de Paramiko..110

18. Bibliotecas para manejo avanzado de archivos en GNU/Linux..........**112**

Compresión y descompresión de archivos con Itarfile y zipfile............112
La biblioteca tarfile...112
La biblioteca zipfile...113
Manejo de archivos temporales con la biblioteca tempfile...............114
Lectoescritura de archivos temporales.................................114
Búsqueda de archivos con las bibliotecas glob y fnmatch...............116

19. Probabilidad y Estadística con Python..........................**117**

Funciones estadísticas básicas (len, sum, max, min).....................117
Probabilidad de sucesos simples y compuestos mutuamente excluyentes. 117
Espacio muestral...117
Sucesos simples y compuestos..118
Asignación de probabilidades...118
Sucesos simples mutuamente excluyentes.............................119
Sucesos compuestos por sucesos simples mutuamente excluyentes....119
Funciones...121
Probabilidad condicional en Python.....................................121
Funciones...122

Sucesos dependientes..123
    Teoría de conjuntos en Python...125
Sucesos independientes...126
Teorema de Bayes en Python..126
Teorema de Bayes y probabilidad de causas..126
    Datos: caso práctico...127
    Análisis...127
    Procedimiento..129
Funciones...134
Bibliografía complementaria...134

20. Estadística descriptiva con Python..135
Estadística poblacional y muestral..135
Medidas descriptivas de tendencia central..135
Medidas descriptivas de dispersión..136
    Cálculos de dispersión...136
Frecuencia estadística...138
Frecuencia absoluta...138
Frecuencia relativa...140
Frecuencias acumuladas..141

21. Python como CGI para aplicaciones Web..142
Entender la interfaz CGI..143
Entender el servidor HTTP de Apache..144
Montar un Virtual Host localmente..147
Instalación y configuración de Apache...147
Habilitación del módulo *cgi*..148
Definición de un nombre de *host* nuevo..149
Creación de la estructura de directorios..150
Creación del Virtual Host...151
Habilitación del nuevo Virtual Host..151
Reiniciar Apache..152
Probando la nueva Web...152
Separar el HTML del código Python...153
Envío de correo electrónico..155
Métodos GET y POST de HTTP..158
Recibiendo y analizando solicitudes por GET..158
El método POST: trabajar con datos enviados desde un formulario......160
    Carga de archivos con Python...161
Consideraciones sobre la seguridad...161
Servir archivos estáticos con Python..162
    Obtener el tipo MIME de un archivo...167
    Codificar un archivo en Base 64..168

22. Conexiones a bases de datos con MySQL® y MariaDB.........................169

Configuración de MariaDB..170
Trabajando con MariaDB y MySQL® desde Python.......................172
Seguridad: prevención de inyecciones SQL..................................178
Función para automatizar consultas SQL.....................................180

23. Programación orientada a objetos con Python................................181

Breve introducción a la programación orientada a objetos............................182
    Elementos y características de la programación orientada a objetos.....183
        Clases...183
        Métodos y propiedades...183
        Objetos...184
        Polimorfismo...184
        Encapsulado...185
        Herencia..185
        Composición...186
        Visibilidad y Ocultación...187
Sobre el uso de *self* en Python..190
Artilugios de la programación orientada a objetos........................190
    El método constructor..190
    Recorrido de propiedades..191
    Patrón de diseño compuesto y agregación.........................191

24. Pruebas unitarias...193

Doctest...193
Unittest..195
    Métodos Assert...195
    Descubriendo pruebas...197

Prólogo: entender la diferencia entre programar y codificar

En el ámbito de la ingeniería de software, un **problema** es un requerimiento concreto que necesita ser resuelto mediante un programa informático, mientras que su *análisis* consiste en entender qué se necesita hacer para determinar cómo hacerlo, mediante qué operaciones, con cuáles valores de entrada y para arrojar cuáles valores de salida. Los *algoritmos* constituyen el paso a paso de la solución del problema.

Como características principales de los algoritmos, puede decirse qué:

1. comienzan aceptando los datos de entrada que serán procesados;

2. las instrucciones definidas deben ser completas, precisas y concretas;

3. el tiempo total empleado por un algoritmo para llevar a cabo sus operaciones debe ser finito, así como la cantidad de instrucciones y el número de repeticiones cuando las hubiera;

4. finalmente, debe producir al menos un resultado (valor de salida).

Un factor clave de la programación es diseñar los algoritmos con una completa abstracción del lenguaje. Por ejemplo, si tras el análisis de un problema se determina que es necesario visualizar una pila con las entradas del registro de errores del archivo *errors.log* del servidor HTTP de Apache del día jueves 20 de agosto de 2020, considerando que cada entrada del registro necesaria es una línea que comienza por [Thu Aug 20, 2020, se podría resolver, independientemente del lenguaje a utilizar, con un algoritmo como el siguiente:

```
1. LEER ruta del archivo
2. ABRIR archivo
3. OBTENER líneas del archivo leído
4. CERRAR archivo
5. DEFINIR pila
6. SI la primera línea no leída comienza por "[Wed Aug 20,
   2020"
   AGREGAR línea a pila
7. Repetir el paso 6 por cada línea no leída hasta que no
   queden líneas sin leer
8. MOSTRAR la pila en pantalla
```

Para facilitar la comprensión de un algoritmo, puede representarse en un *diagrama de flujo* como el siguiente:

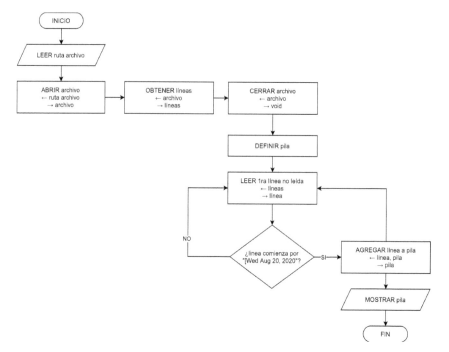

Estos diagramas emplean diversas figuras tales como:

- *paralelogramos*, para los valores de entrada y salida;

- *rectángulos*, para las operaciones;

- *rombos*, para los condicionales;

- y *rectángulos con bordes redondeados*, para indicar inicio y fin del algoritmo.

Posteriormente, los algoritmos son traducidos a código fuente, y aquellas operaciones no disponibles de forma nativa en el lenguaje, requerirán el diseño de un nuevo algoritmo.

El siguiente código es la traducción correspondiente al diagrama de flujo anterior:

```python
def obtener_registros(ruta_archivo):
    archivo = open(ruta_archivo, "r")
    lineas = archivo.readlines()
    archivo.close()
    pila = []
    for linea in lineas:
        if linea.startswith("[Wed Aug 20, 2020"):
            pila.append(linea)

    print(pila)
```

El *código fuente* es el conjunto de órdenes escritas en un determinado lenguaje de programación, que componen un programa. Los *lenguajes de programación* son lenguajes informáticos diseñados para que un ordenador pueda llevar a cabo operaciones concretas. Los *lenguajes informáticos* son lenguajes artificiales creados exclusivamente para ser entendidos por los ordenadores. Los de programación son los que permiten la ejecución de órdenes pero los hay de otros tipos. Se manejan en dos niveles básicos: *bajo nivel*, que se refiere al código máquina (código binario) y los de *alto nivel* que poseen una estructura humanamente legible e independiente del hardware.

Los hay *interpretados* (sus instrucciones son ejecutadas directamente sobre el sistema operativo por un intérprete) y *compilados* (aquellos que requieren ser traducidos a un lenguaje intermedio y empaquetados para su ejecución). Algunos funcionan en diversas plataformas y otros son exclusivos de sistemas concretos. Algunos aceptan solo un paradigma (técnica) de programación, mientras que otros, pueden aceptar más de uno.

Si bien al momento de traducir un algoritmo a código fuente la sintaxis empleada dependerá exclusivamente del lenguaje de programación elegido, todo lenguaje posee una serie de elementos comunes —a todos los lenguajes— que se encuentran disponibles. Solo la sintaxis del lenguaje es lo que cambia. Por ejemplo, mientras que una variable *foo* de tipo entero con valor 15, en Python se define mediante `foo = 15`, en PHP se define anteponiendo un signo dólar al nombre de la variable y un punto y coma tras el valor, tal que `$foo = 15;` y en C, requiere la declaración de tipo, tal que `int foo = 15;`.

El proceso de traducción de un algoritmo a código fuente en un lenguaje de programación determinado es lo que técnicamente se conoce como **codificación**. El proceso que abarca el análisis de un problema, el diseño de su solución (algoritmo) más su traducción a código fuente (codificación), es lo que se denomina **programación**. Así, el estudio de esta abarca tres grandes temas: lógica, análisis y diseño de algoritmos; y lenguajes de programación. *«Python Aplicado»* pertenece a esta tercera categoría.

1. Primer acercamiento al *Scripting*

En programación, un *script* es un archivo de código fuente con instrucciones sencillas, que puede ser ejecutado a través de la línea de comandos. Se conoce como *scripting* a la **técnica de programación** empleada para crear este tipo de archivos.

Para que un archivo de código fuente sea considerado un script, debe cumplir las siguientes características:

1. Ser ejecutable.

2. Estar escrito en un lenguaje que pueda ser interpretado por el ordenador.

3. No depender de otros archivos.

1. Archivo ejecutable

Para que un archivo pueda ser ejecutado, hay que otorgarle permisos de ejecución. Desde la línea de comandos, se logra con el comando *chmod*:

```
chmod +x nombre-del-archivo
```

2. Lenguaje interpretado

Un *script* puede ser escrito en cualquier lenguaje interpretado, soportado por el Sistema Operativo, como Python, Perl, GNU Bash, PHP, Ruby, etc.

Para que el sistema operativo sepa qué intérprete utilizar para entender y ejecutar el *script*, se debe colocar la ruta de dicho intérprete en la primera línea del archivo, antecedida por los símbolos **#!**

Lo anterior se conoce como **hashbang** o **shebang**.

Dado que la ruta de un intérprete puede ser distinta en los diversos Sistemas Operativos o distribuciones, realizar la llamada al intérprete a través de **env**, es una práctica habitual:

```
#!/usr/bin/env python
```

Por este motivo, un *script* no requiere de una extensión para poder ser interpretado.

Algunos ejemplos:

`#!/usr/bin/env python`	Intérprete Python (versión por defecto)
`#!/usr/bin/env python2`	Fuerza a utilizar el intérprete de Python 2.x
`#!/usr/bin/env python3`	Fuerza a utilizar el intérprete de Python 3.x
`#!/usr/bin/env bash`	Intérprete de GNU Bash

3. Script vs Programa

Si un archivo de código fuente que es ejecutable y contiene la ruta del intérprete, depende de otros archivos, entonces se lo considera parte de un programa. Al no tener independencia, no cuenta como *script*.

Convertir un script en comando del sistema

Archivo: *hola-mundo.py*

```
#!/usr/bin/env python2
print("Hola Mundo!")
```

Crear un archivo llamado «*hola-mundo.py*» (con el contenido anterior), asignarle permisos de ejecución y probar el *script* en la línea de comandos ejecutando la siguiente instrucción:

```
./hola-mundo.py
```

Ahora, como *root*, copiar el archivo en la carpeta */usr/bin* con el nombre «*hola-mundo*»:

```
cp hola-mundo.py /usr/bin/hola-mundo
```

El *script* está ahora disponible para ser ejecutado como comando.

```
usuario@equipo:~$ hola-mundo
Hola Mundo!
usuario@equipo:~$
```

2. Acerca de Python

Dentro de los **lenguajes informáticos**, Python, pertenece al grupo de los **lenguajes de programación** y puede ser clasificado como un **lenguaje interpretado**, **de alto nivel**, **multiplataforma**, de **tipado dinámico** y **multiparadigma**.

Para la escritura de código, y a fin de alcanzar un mecanismo estándar en la forma de programar, **provee unas reglas de estilo** definidas a través de la *Python Enhancement Proposal Nº 8 (PEP 8)*, cuyas especificaciones serán expuestas a lo largo de los primeros capítulos.

Glosario

Lenguaje informático: es un idioma artificial utilizado por ordenadores, cuyo fin es transmitir información de algo a alguien. Los lenguajes informáticos, pueden clasificarse en: a) lenguajes de programación (Python, PHP, Pearl, C, etc.); b) lenguajes de especificación (UML); c) lenguajes de consulta (SQL); d) lenguajes de marcas (HTML, XML); e) lenguajes de transformación (XSLT); f) protocolos de comunicaciones (HTTP, FTP); entre otros.

Lenguaje de programación: es un lenguaje informático, diseñado para expresar órdenes e instrucciones precisas, que deben ser llevadas a cabo por un ordenador. El mismo puede utilizarse para crear programas que controlen el comportamiento físico o lógico del ordenador. Está compuesto por una serie de símbolos, reglas sintácticas y semánticas que definen la estructura del lenguaje.

Lenguajes de alto nivel: son aquellos cuya característica principal, consiste en una estructura sintáctica y semántica legible, acorde a las capacidades cognitivas humanas. A diferencia de los lenguajes de bajo nivel (código máquina, lenguaje ensamblador), son independientes de la arquitectura del hardware, motivo por el cual, asumen mayor portabilidad.

Lenguajes interpretados: a diferencia de los compilados, no requieren de compiladores para ser ejecutados, sino de intérpretes. Un intérprete, actúa de manera similar a un compilador, con la salvedad de que ejecuta el programa directamente, sin necesidad de generar previamente un archivo ejecutable. Ejemplo de lenguajes de programación interpretados son Python, PHP, Ruby, Common Lisp, entre otros.

Tipado dinámico: un lenguaje de tipado dinámico es aquel cuyas variables, no requieren ser definidas asignando su tipo de datos, sino que este, se auto-asigna en tiempo de ejecución, según el valor declarado.

Multiplataforma: significa que puede ser interpretado en diversos Sistemas Operativos como GNU/Linux, OpenBSD, sistemas privativos, entre otros.

Multiparadigma: acepta diferentes paradigmas (técnicas) de programación, tales como la orientación a objetos, la programación imperativa y funcional.

Código fuente: es un conjunto de instrucciones y órdenes lógicas, compuestos de algoritmos que se encuentran escritos en un determinado lenguaje de programación, las cuales deben ser interpretadas o compiladas, para permitir la ejecución de un programa informático.

3. Elementos del Lenguaje

Python, como todo lenguaje de programación, se compone de una serie de elementos característicos y estructuras.

A continuación, se abarcarán los principales elementos.

Variables

Una variable es un espacio para almacenar datos modificables de forma temporal en la memoria del ordenador.

En Python, una variable se define con la sintaxis:

```
nombre_de_la_variable = valor_de_la_variable
```

Cada variable, tiene un nombre y un valor. Este último, define el tipo de datos de la variable.

Existe un tipo de espacio de almacenamiento denominado **constante**. Una constante, se utiliza para definir valores fijos, que no requieran ser modificados. En Python, el concepto de constante es simbólico ya que todo espacio es variable.

PEP 8: variables

Utilizar nombres descriptivos y en minúsculas. Para nombres compuestos, separar las palabras por guiones bajos. Antes y después del signo =, debe haber uno (y solo un) espacio en blanco.

Nombre correcto: **`mi_variable`**

Nombres incorrectos: `MiVariable, mivariable, VARIABLE`

Asignación correcta: **`variable = 12`**

Asignaciones incorrectas:
```
variable=12
variable    =    12
variable    = 12
```

PEP 8: constantes

Utilizar nombres descriptivos y en mayúsculas separando palabras por guiones bajos.

Ejemplo: `MI_CONSTANTE = 12`

Entrada y salida

Para **imprimir un valor en pantalla,** hasta la versión 2.7 de Python, se utiliza la palabra clave **`print`**:

```
mi_variable = 15
print mi_variable
```

Pero a partir de la versión 3.0 de Python, se utiliza la función **`print()`**:

```
mi_variable = 15
```

```
print(mi_variable)
```

Es importante destacar que la función `print()` también estaba disponible en Python 2.

Lo anterior, en ambos casos, imprime el valor de la variable *mi_variable* en pantalla.

Para **obtener datos solicitados al usuario**, hasta la versión 2.7 de Python, se utiliza la función `raw_input()`:

```
mi_variable = raw_input("Ingresar un valor: ")
```

A partir de la versión 3.0 de Python, se utiliza la función `input()`, también disponible en versiones anteriores, pero con un funcionamiento diferente:

```
mi_variable = input("Ingresar un valor: ")
```

Tipos de datos

Una variable puede contener valores de diversos tipos. Estos tipos se listas a continuación.

Cadena de texto (string):

```
mi_cadena = "Hola Mundo!"
otra_cadena = 'Hola Mundo!'

mi_cadena_multilinea = """
Esta es una cadena
de varias lineas
"""
```

Número entero:

```
edad = 35
```

Número real:

```
precio = 35.05
```

Booleano (verdadero / Falso):

```
verdadero = True
falso = False
```

Existen además, otros tipos de datos más complejos, que se abarcarán más adelante.

Codificación de caracteres (encoding)

En versiones anteriores a Python 3.0, la especificación de la codificación de caracteres a emplearse (cuando ésta no es ASCII), resulta obligatoria.

A partir de la versión 3.0, esta declaración es opcional.

```
# -*- coding: utf-8 -*-
```

utf-8 podría ser cualquier otra codificación de caracteres. Por defecto, versiones anteriores a Python 3, utilizan la codificación ASCII como predeterminada. En caso de emplear caracteres no ASCII en versiones anteriores a la 3.0, Python generará un error:

```
variable = "En el Ñágara encontré un Ñandú"
SyntaxError: Non-ASCII character[...]
```

Indicando el *encoding* adecuado, el archivo se ejecutará con éxito:

```
# -*- coding: utf-8 -*-
variable = "En el Ñágara encontré un Ñandú"
```

Operadores Aritméticos

Un operador aritmético es aquel que permite realizar operaciones aritméticas sobre las variables.

```
Símbolo   Significado        Ejemplo           Resultado
+         Suma               a = 10 + 5        a es 15
-         Resta              a = 12 - 7        a es 5
-         Negación           a = -5            a es -5
*         Multiplicación     a = 7 * 5         a es 35
**        Exponente          a = 2 ** 3        a es 8
/         División           a = 12.5 / 2      a es 6.25
//        División entera    a = 12.5 // 2     a es 6.0
%         Módulo             a = 27 % 4        a es 3
```

PEP 8: operadores

Siempre colocar un espacio en blanco, antes y después de un operador

Un ejemplo sencillo con variables y operadores aritméticos:

```
bruto = 175
tasa_interes = 12.5
interes = bruto * tasa_interes / 100
tasa_bonificacion = 5.0
bonificacion = bruto * tasa_bonificacion / 100
neto = (bruto - bonificacion) + interes
```

Comentarios

En un archivo de código fuente, un comentario es un texto explicativo que no es procesado por el intérprete y solo tiene una utilidad humana (no informática). Los comentarios pueden ser de una o varias líneas:

```
# Esto es un comentario de una sola línea
mi_variable = 15
```

```python
"""Y este es un comentario
de varias líneas"""
mi_variable = 15
mi_variable = 15  # Este es un comentario en línea
```

En los comentarios, pueden incluirse palabras que representen acciones:

```python
# TODO esto es algo por hacer
# FIXME esto es algo que debe corregirse (un fallo)
# XXX esto es algo que debe corregirse (error crítico)
```

PEP 8: comentarios

Comentarios en la misma línea del código deben separarse con dos espacios en blanco. Luego del símbolo # debe ir un solo espacio en blanco.

Correcto: `a = 15  # Edad de María`

Incorrecto: `a = 15 # Edad de María`

4. Tipos de datos complejos

Python, posee además de los tipos ya vistos, 3 tipos más complejos, que admiten una colección de datos. Estos tipos son:

- Tuplas

- Listas

- Diccionarios

Estos tres tipos, pueden almacenar colecciones de datos de diversos tipos y se diferencian por su sintaxis y por la forma en la cual los datos pueden ser manipulados.

Tuplas

Una tupla es una **variable que permite almacenar varios datos inmutables** (no pueden ser modificados una vez creados), y estos datos pueden ser de tipos diferentes:

```
mi_tupla = ('cadena de texto', 15, 2.8, 'otro dato', 25)
```

Se puede acceder a cada uno de los datos mediante su índice correspondiente. El índice se corresponde con la posición del elemento en la colección, siendo 0 (cero), el índice del primer elemento:

```
mi_tupla[1]  # Salida: 15
```

También se puede acceder a una porción de la tupla, indicando (opcionalmente) desde el índice de inicio hasta el índice de fin:

```
mi_tupla[1:4]  # Devuelve: (15, 2.8, 'otro dato')
mi_tupla[3:]   # Devuelve: ('otro dato', 25)
mi_tupla[:2]   # Devuelve: ('cadena de texto', 15)
```

Otra forma de acceder a la tupla de forma inversa (de atrás hacia adelante), es colocando un índice negativo:

```
mi_tupla[-1]  # Salida: 25
mi_tupla[-2]  # Salida: otro dato
```

Listas

Una lista es similar a una tupla en todos los aspectos. La diferencia radica en que los elementos de una lista sí pueden ser modificados:

```
mi_lista = ['cadena de texto', 15, 2.8, 'otro dato', 25]
```

A las listas se accede igual que a las tuplas, por su número de índice:

```
mi_lista[1]     # Salida: 15
mi_lista[1:4]   # Devuelve: [15, 2.8, 'otro dato']
mi_lista[-2]    # Salida: otro dato
```

Las lista no son inmutables: permiten modificar los datos una vez creados:

```
mi_lista[2] = 3.8  # el tercer elemento ahora es 3.8
```

Al poder ser modificadas, las listas, a diferencia de las tuplas, permiten agregar nuevos valores:

```
mi_lista.append('Nuevo Dato')
```

Diccionarios

Los diccionarios, al igual que las tuplas y las listas, son colecciones. La diferencia con estos, es que mientras que los elementos de las listas y las tuplas se asocian a un número de índice (o posición), los valores de un diccionario se asocian a un nombre de clave:

```
mi_diccionario = {
    'clave_1': valor_1,
    'clave_2': valor_2,
    'clave_7': valor_7
}
mi_diccionario['clave_2']  # Salida: valor_2
```

Un diccionario permite eliminar cualquier entrada:

```
del(mi_diccionario['clave_2'])
```

Al igual que las listas, el diccionario permite modificar los valores:

```
mi_diccionario['clave_1'] = 'Nuevo Valor'
```

Y también es posible agregar nuevos elementos, asignando valores a nuevas claves:

```
mi_diccionario['nueva_clave'] = 'nuevo elemento'
```

5. Estructuras de Control de Flujo

Una estructura de control es un bloque de código fuente que permite agrupar instrucciones de forma controlada. A continuación se describirán dos tipos de estructuras de control:

1. **Estructuras de control condicionales:** controlan el flujo de los datos a partir de condiciones.

2. **Estructuras de control iterativas:** controlan el flujo de los datos, ejecutando una misma acción de forma repetida.

Sangrado

En Python, las estructuras de control se delimitan sobre la base de bloques de código con sangrado fijo y proporcional (mismo sangrado para cada estructura).

No todos los lenguajes de programación, necesitan de este sangrado, aunque sí se estila implementarlo, a fin de otorgar mayor legibilidad al código fuente. **En el caso de Python, el sangrado es obligatorio**, ya que de él dependerá su estructura y la forma de controlar la información.

PEP 8: sangrado de código

Un sangrado de **4 (cuatro) espacios en blanco**, indicará que las instrucciones sangradas forman parte de una misma estructura de control.

Una estructura de control, entonces, se define de la siguiente forma:

```
inicio de la estructura de control:
    expresiones
```

Estructuras de control de flujo condicionales

Las estructuras de control condicionales son aquellas que permiten evaluar si una o más condiciones se cumplen, para decir qué acción ejecutar.

Las condiciones se evalúan como verdaderas o falsas. O la condición se cumple (la condición es verdadera), o la condición no se cumple (la condición es falsa).

En la vida diaria, toda persona actúa de acuerdo a la evaluación de condiciones, solo que no siempre se hace de forma explícita o evidente.

Por ejemplo:

Si el semáforo está en verde, cruzar la calle. **Sino**, esperar a que el semáforo se ponga en verde.

En ocasiones, se evalúa más de una condición para llegar a ejecutar la misma acción:

Si el semáforo está en verde **o** no hay vehículos circulando, cruzar la calle. **Sino**, esperar a que el semáforo se ponga en verde.

Estructuras de Control de Flujo   25

Operadores lógicos

Para describir la evaluación a realizar sobre una condición, se utilizan operadores lógicos de comparación:

Símbolo	Significado	Ejemplo	Resultado
==	Igual que	5 == 7	Falso
!=	Distinto que	rojo != verde	Verdadero
<	Menor que	8 < 12	Verdadero
>	Mayor que	7 > 12	Falso
<=	Menor o igual que	12 <= 12	Verdadero
>=	Mayor o igual que	4 >= 5	Falso

Para evaluar más de una condición simultáneamente, se utilizan operadores lógicos:

Operador	Ejemplo	Resultado	
and (y)	5 == 7 and 7 < 12	0 y 1	Falso
	9 < 12 and 12 > 7	1 y 1	Verdadero
	9 < 12 and 12 > 15	1 y 0	Falso
or (o)	12 == 12 or 15 < 7	1 o 0	Verdadero
	7 > 5 or 9 < 12	1 o 1	Verdadero
xor*	(4 == 4) ^ (9 > 3)	1 o 1	Falso
(o excluyente)	(4 == 4) ^ (9 < 3)	1 o 0	Verdadero

(*) xor como tal, no se encuentra disponible en Python por lo que se debe utilizar, en su reemplazo, el símbolo ^.

Las estructuras de control de flujo condicionales, se definen mediante el uso de tres palabras claves reservadas, del lenguaje; **if** (si), **elif** (sino, si) y **else** (sino).

Algunos ejemplos:

Si semáforo está en verde, cruzar. Sino, esperar.

```
if semaforo == verde:
    cruzar()
else:
    esperar()
```

En el ejemplo anterior, *cruzar* y *esperar* son dos acciones (verbos). Los verbos o acciones, en programación, se denominan funciones y sintácticamente, se las diferencia de las variables por estar acompañadas de un par de paréntesis. Las funciones serán abarcadas más adelante.

Si gasto hasta $100, pago con dinero en efectivo. Sino, si gasto más de $100 pero menos de $300, pago con tarjeta de débito. Sino, pago con tarjeta de crédito.

```python
if gasto <= 100:
    pagar_en_efectivo()
elif gasto > 100 and gasto < 300:
    pagar_con_debito()
else:
    pagar_con_credito()
```

Si la compra es mayor a $100, obtengo un descuento del 10%

```python
descuento = 0

if compra > 100:
    descuento = compra * 0.10
```

Estructuras de control iterativas

Las estructuras de control iterativas (también llamadas cíclicas o bucles), permiten ejecutar un mismo código, de forma repetida, *n* cantidad de veces mientras se cumpla una condición.

Python dispone dos estructuras de control iterativas:

- El bucle **while**

- El bucle **for**

Estructuras de Control de Flujo 27

Bucle while

Este bucle se encarga de ejecutar una misma acción *mientras que* una determinada condición se cumpla:

Mientras que año sea menor o igual a 2022, imprimir la frase "Informes de *<año>*".

```python
#!/usr/bin/env python2
# -*- coding: utf-8 -*-

year = 2011

while year <= 2022:
    print("Informes de", year)
    year += 1
```

La iteración anterior, generará la siguiente salida:

```
Informes de 2011
Informes de 2012
Informes de 2013
Informes de 2014
Informes de 2015
Informes de 2016
Informes de 2017
Informes de 2018
Informes de 2019
Informes de 2020
Informes de 2021
Informes de 2022
```

Observar la última línea:

year += 1

En cada iteración se incrementa en 1 (uno) el valor de la variable **year** que condiciona el bucle . Si no se incrementase esta variable, su valor siempre sería igual a **2011** y por lo tanto, el bucle se ejecutaría de forma infinita, ya que la condición **year <= 2022** siempre se estaría cumpliendo.

Notación BNF (Bakus-Naur Form)

Es un formato utilizado en programación e informática en general, para documentar expresiones lógicas. El uso de:

```
<nombre>
```

indica que donde aparece <nombre> deberá reemplazarse dicho modificador, por el valor de un elemento que represente un nombre. Por ejemplo:

```
<Apellido>, <Nombre>
```

Podría reemplazarse por:

```
Bahit, Eugenia
```

Romper un bucle

Cuando el valor que condiciona la iteración no puede incrementarse, puede romperse el bucle mediante la instrucción **break** precedida de un condicional:

```
while True:
    nombre = raw_input("Indique su nombre: ")
    if nombre:
        break
```

El bucle anterior, incluye un condicional anidado que verifica si la variable nombre es verdadera (solo será verdadera si el usuario aporta un dato cuando le es solicitado en pantalla). Si es verdadera, el bucle se rompe (*break*). Sino, seguirá ejecutándose hasta que el usuario ingrese un dato cuando le es solicitado.

Bucle for

El bucle **for** de Python, es aquél que facilita la iteración sobre los elementos de una tupla o lista. El bucle for siempre se utilizará sobre una lista o tupla, de forma tal que en cada iteración, se puedan ejecutar las misma acciones sobre cada uno de los elementos de la lista o tupla.

Por cada elemento en mi_lista, imprimir el elemento

```
#!/usr/bin/env python3

mi_lista = ['Juan', 'Antonio', 'Pedro', 'Ana']

for elemento in mi_lista:
    print(elemento)
```

Por cada color en mi_tupla, imprimir color

```
#!/usr/bin/env python3

mi_tupla = ('rosa', 'verde', 'celeste', 'amarillo')

for color in mi_tupla:
    print(color)
```

En los ejemplos anteriores, *elemento* y *color*, son dos **variables declaradas en tiempo de ejecución** (es decir, se declaran dinámicamente durante el bucle y se sobrescriben en cada iteración), asumiendo como valor, el de cada elemento de la lista (o tupla) en cada iteración.

Otra forma de iterar con el bucle **for**, puede emular a *while*:

Por cada año en el rango 2011 a 2023, imprimir la frase "Informes de *<año>*".

```
for year in range(2011, 2023):
    print("Informes de", year)
```

6. Funciones

Una función es una forma de agrupar expresiones y algoritmos de forma tal que estos queden contenidos dentro de «una cápsula», que solo pueda ejecutarse cuando el programador la invoque. Una vez que una función es definida, puede ser invocada tantas veces como sea necesario.

Funciones incorporadas

Una función puede ser provista por el lenguaje o definida por el usuario. A las funciones provistas por el lenguaje se las denomina «funciones incorporadas» y en inglés se conocen como «*Built-in functions*».

Funciones definidas por el usuario

En Python la definición de funciones se realiza mediante la instrucción **def** más un nombre de función descriptivo -para el cuál, aplican las mismas reglas que para el nombre de las variables- seguido de paréntesis de apertura y cierre.

Como toda estructura de control en Python, la definición de la función finaliza con dos puntos (:) y el algoritmo que la compone, irá identado con 4 espacios en blanco:

```
def mi_funcion():
    # aquí el algoritmo identado
```

Una función no es ejecutada hasta tanto no sea invocada. Para invocar una función, simplemente se la llama por su nombre:

```python
def mi_funcion():
    print("Hola Mundo")

funcion()
```

Las funciones pueden **retornar datos**:

```python
def funcion():
    return "Hola Mundo"
```

Y el valor de retorno de una función puede **almacenarse** en una variable:

```python
frase = funcion()
```

Imprimirse:

```python
print(funcion())
```

O ignorarse:

```python
funcion()
```

Sobre los parámetros

Un parámetro es un valor que la función espera recibir cuando sea llamada (invocada). Una función puede esperar uno o más parámetros (que son definidos entre los paréntesis y separados por una coma) o ninguno.

```python
def mi_funcion(param1, param2):
    pass
```

La instrucción **pass** se utiliza para completar una estructura de control que no realiza ninguna acción.

Los parámetros que una función espera, serán utilizados por ésta, dentro de su algoritmo, a modo de **variables de ámbito local**. Es decir, que los parámetros serán variables locales que solo son accesibles dentro de la función:

```python
def calcular_neto(bruto, alicuota):
    iva = bruto * float(alicuota) / 100
    neto = bruto + iva
    return neto
```

Si se quisiera acceder a esas variables locales fuera del ámbito de la función, se obtendría un error:

```python
def calcular_neto(bruto, alicuota):
    iva = bruto * float(alicuota) / 100
    neto = bruto + iva
    return neto


print(bruto)     # Retornará el error:
                 # NameError: name 'bruto' is not defined
```

Al llamar a una función, **se le deben pasar sus argumentos en el mismo orden en el que los espera**. Para evitar pasarlos en el mismo orden, pueden utilizarse claves como argumentos (definidos más abajo).

Parámetros por omisión

Es posible asignar valores por defecto a los parámetros de las funciones. Esto significa, que la función podrá ser llamada con menos argumentos de los que ha definido:

```python
def calcular_neto(bruto, alicuota=21):
    iva = bruto * float(alicuota) / 100
    neto = bruto + iva
    return neto

calcular_neto(100)          # Retorna 121.0
calcular_neto(100, 10.5)    # Retorna 110.5
```

PEP 8: Funciones

A la definición de una función la deben anteceder dos líneas en blanco.

Al asignar parámetros por omisión, no debe dejarse espacios en blanco ni antes ni después del signo =.

Los parámetros por omisión deben ser definidos a continuación de los parámetros obligatorios.

Claves como argumentos

Las claves como argumentos *(keword arguments)* son una característica de Python que no todos los lenguajes poseen. Python permite llamar a una función pasándole los argumentos esperados como pares de `claves=valor`:

```
def funcion(obligatorio1, opcional='valor por defecto',
opcional_dos=15):
    pass

funcion('valor obligatorio', opcional_dos=43)
```

Parámetros arbitrarios

Es posible que una función espere recibir un número arbitrario -desconocido- de argumentos. Estos argumentos, llegarán a la función en forma de tupla.

Para definir argumentos arbitrarios en una función, se antecede un asterisco (*) al nombre del parámetro :

```
def funcion(obligatorio, *arbitrarios):
    pass
```

```
funcion('fijo', 1, 2, 3, 4, 5)
funcion('fijo', 1, 2)
funcion('fijo', 1, 2, 3, 4, 5, 6, 7)
funcion('fijo')
```

Cuando una función espera recibir parámetros obligatorios y arbitrarios, **los arbitrarios siempre deben suceder a los obligatorios**.

Es posible también, obtener parámetros arbitrarios como pares de clave=valor. En estos casos, al nombre del parámetro deben precederlo dos asteriscos (**):

```
def funcion(obligatorio, **arbitrarios):
    pass


funcion('fijo', a=1, b=2, c=3)
```

El **recorrido de los parámetros arbitrarios** es como el recorrido de cualquier tupla (para parámetros arbitrarios sin clave) o de cualquier diccionario (para los parámetros arbitrarios con clave):

```
def funcion(*arbitrarios):
    for argumento in arbitrarios:
        pass


def funcion(**arbitrarios):
    for argumento in arbitrarios:
        valor = arbitrarios[argumento]
```

Desempaquetado de parámetros

Al invocar a una función se le pueden pasar los parámetros que espera dentro de una lista o de un diccionario (donde los nombres de las claves equivalen al nombre de los argumentos). A este procedimiento se lo conoce como desempaquetado de parámetros:

```python
def funcion(uno, dos, tres):
    pass


# DESEMPAQUETADO DE LISTAS
parametros = [1, 2, 3]
calcular(*parametros)

# DESEMPAQUETADO DE DICCIONARIOS
parametros = dict(uno=1, dos=2, tres=3)
calcular(**parametros)

parametros = {'uno': 1, 'dos': 2, 'tres': 3}
calcular(**parametros)
```

Llamadas recursivas y de retorno

Una función puede llamar a otra función que retorne un valor. Esto se conoce como llamada de retorno:

```python
def retornar(algo):
    return str(algo)


def llamar():
    algo = retornar()
```

La llamada interna a otra función puede almacenarse, retornarse o ignorarse.

```python
def almacenar():
    algo - retornar()


def volver_a_retornar():
    return retornar()


def ignorar():
    retornar()
```

Cuando la llamada que se hace es a la misma función, se conoce como **llamada recursiva**.

```
def get_nombre():
    nombre = raw_input("Nombre: ")
    if not nombre:
        get_nombre()
```

Sobre la finalidad de las funciones

Una función puede tener cualquier tipo de algoritmo y cualquier cantidad de instrucciones. Sin embargo, **una buena práctica** indica que la finalidad de una función, debe ser **realizar una única acción**.

Conceptos avanzados sobre funciones

En esta sección se intentarán explicar cuatro conceptos sobre diferentes formas de definir e implementar una función. Estos conceptos no son estrictamente necesarios a la hora de programar, pero en Python suelen verse con frecuencia. Se exponen a mero título informativo.

Lambdas

Las funciones lambda son funciones anónimas que permiten definir expresiones relativamente simples, generalmente en no más de una línea de código.

Una función como esta:

```
def sumar(sumandos=[]):
    return sum(sumandos)
```

con lambda, podría definirse en una sola línea de código, ya que posee una única instrucción:

```
sumar = lambda sumandos: sum(sumandos)
```

Y se obtendría un resultado como el que sigue:

```
>>> sumar = lambda sumandos: sum(sumandos)
>>> sumar([15, 30, 10])
55
```

Su sintaxis puede resumirse de la siguiente forma:

```
variable = lambda parametro1, ..., parametron: expresión
```

Al igual que las funciones no anónimas, las funciones lambda admiten parámetros por omisión:

```
neto = lambda bruto, iva=21: bruto + (bruto * iva / 100)
```

Clausuras (closures[1])

Las clausuras son funciones que dentro de ellas encierran a otra función y a su ámbito de aplicación, lo que permite el acceso a variables definidas dentro de la función interna, incluso fuera de su ámbito. Una clausura siempre retorna la función que define dentro. Obsérvese el siguiente ejemplo:

```
def closure():

    def funcion_interna():
        return 1

    return funcion_interna
```

Al llamar a **closure()** lo que en realidad se obtiene es la función **funcion_interna**:

```
variable = closure()  # Ahora variable es una función,
                      # la función <funcion_interna>
```

---

1   En español suelen referirse como "clausuras" aunque quizás "cierres" sería etimológicamente más apropiado. El término tiene su origen en la programación funcional y fue introducido por primera vez por Luca Cardelli en 1983.

Aquí *variable* ahora es una función (la función *funcion_intrna*) y puede ser invocada como una función:

```
print(variable())      # Imprimirá 1
                       # Será como llamar a funcion_interna()
```

Esto es, a nivel práctico, la perspectiva desde el punto de vista sintáctico de una clausura, independiente de su finalidad.

Como se comentó previamente, se trata de funciones que definen otra función dentro y la retornan, y tienen la capacidad de reconocer y recordar el valor de variables y parámetros definidos dentro de la clausura ya que no solo encierran a la función sino también, su ámbito:

```
def closure(parametro):

    def funcion():
        return parametro + 1

    return funcion

variable = closure(parametro=1)
print(variable())  # Imprime 2
```

Un ejemplo más funcional podría ser el siguiente:

```
def calcular_iva(alicuota):

    def estimar_neto(importe_bruto):
        return importe_bruto + (importe_bruto * alicuota / 100)

    return estimar_neto

# Productos gravados con el 21%
get_neto_base_21 = calcular_iva(21)
harina = get_neto_base_21(10)
arroz = get_neto_base_21(8.75)
azucar = get_neto_base_21(12.5)

# Productos gravados con el 10.5%
get_neto_base_105 = calcular_iva(10.5)
```

```
tv = get_neto_base_105(12700)
automovil = get_neto_base_105(73250)
```

El requerimiento anterior, podría haber sido implementado de dos formas sin el uso de clausuras:

1. Definiendo dos funciones independientes (get_neto_base_21 y get_neto_base_105) con el mismo algoritmo incurriendo en redundancia.

2. Definiendo una única función con 2 parámetros, la cual hubiese requerido replicar el valor de uno de los parámetros en las reiteradas llamadas, cuando el valor por defecto no fuese igual al valor necesario.

Lo anterior, podría servir de base para justificar el uso de una clausura:

- Evitar definir múltiples funciones con algoritmos redundantes.

- Evitar la sobrecarga de parámetros.

Envolturas (wrappers) y decoradores

Un **decorador** es una clausura que como parámetro recibe a una función (llamada función "decorada") como único argumento:

```
def decorador(funcion_decorada):

    def funcion():
        pass

    return funcion
```

Mientras que una **envoltura** (*wrapper*) es la función interna de una clausura que a la vez sea de tipo decorador:

```
def decorador(funcion_decorada):

    def wrapper():
        pass

    return wrapper
```

La función decorada deberá ser invocada por la envoltura:

```
def decorador(funcion_decorada):

    def wrapper():
        return funcion_decorada()

    return wrapper
```

El decorador no se invoca como una función de forma habitual, sino que lo hace con una sintaxis especial, sobre la definición de la función que se desea decorar:

```
@decorador
def funcion_decorada():
    pass
```

De esta forma, el nombre de la función decorada es pasado como parámetro de manera automática.

Funcionamiento de las envolturas y decoradores

Cuando una función es decorada, el decorador se acciona de forma automática en el momento que el *script* es ejecutado:

```
#!/usr/bin/env python3


def decorador(funcion):
    print('Soy el decorador()')

    def wrapper():
        print('Soy el wrapper()')
        return funcion()
```

```
    return wrapper


@decorador
def funcion_decorada():
    print('Soy la funcion_decorada()')
```

Al ejecutar este *script* sin haber invocado a ninguna función, se puede ver como el decorador ya ha actuado:

```
eugenia@host:~/scripts$ ./decoradores.py
Soy el decorador()
eugenia@host:~/scripts$
```

Cuando la función decorada es invocada, el decorador ya la habrá reemplazado por la envoltura, retornando a esta en lugar de la función original:

```
#!/usr/bin/env python3


def decorador(funcion):
    print('Soy el decorador()')

    def wrapper():
        print('Soy el wrapper()')
        # return funcion()

    return wrapper

@decorador
def funcion_decorada():
    print('Soy la funcion_decorada()')


funcion_decorada()
```

El resultado de la ejecución del *script* será el siguiente:

```
eugenia@host:~/scripts$ ./decoradores.py
Soy el decorador()
Soy el wrapper()
```

Como bien puede verse, al haber invocado a *funcion_decorada()*, no fue esta quien se ejecutó sino la función *wrapper()*.

Pero como se dijo al comienzo, la envoltura será quien tras su ejecución, invoque a la función decorada. Descomentando la línea *return funcion()*, el resultado sería el siguiente:

```
eugenia@host:~/scripts$ ./decoradores.py
Soy el decorador()
Soy el wrapper()
Soy la funcion_decorada()
```

El orden de ejecución en envolturas y decoradores se puede establecer como el siguiente:

1. decorador (automáticamente al ejecutar el *script* reemplazando la función decorada por la envoltura)

2. envoltura (al invocar a la función decorada)

3. función decorada (luego de ejecutarse la envoltura)

Puede decirse entonces que conceptualmente, un decorador es una clausura que se encarga de reemplazar a la función decorada por su función interna, a la cuál se denomina envoltura.

7. Importación de módulos

Módulo. En Python se considera módulo a cualquier archivo .py.

Paquete. En Python se considera paquete es una carpeta que contiene módulos, y un archivo `__init__.py` que puede estar (o no) vacío.

```
.
└── paquete
    ├── __init__.py
    ├── modulo1.py
    ├── modulo2.py
    └── modulo3.py
```

Espacio de nombres: La importación de módulos y paquetes se realiza a través del espacio de nombres, el cual estará determinado por la ruta del archivo importar (se omiten las extensiones .py y las barras diagonales son sustituidas por un punto), tal que si la ruta de un archivo es *foo/bar/baz.py* su espacio de nombre será *foo.bar.baz*

Ruta de inclusión: Python, en primer lugar buscará los archivos en las rutas de importación propias, y en segundo lugar, en el directorio desde el cual se esté ejecutando el script.

Importación total y parcial: Importar un módulo significa incluir el contenido de un archivo dentro de otro.

Se pueden importar módulos completos o solo elementos parciales como variables, funciones, etc.

Para importar un módulo completo se utiliza la palabra clave *import* mientras que para importar elementos se utiliza la dupla *from / import*:

```python
import modulo
import paquete.modulo
import paquete.subpaquete.modulo

from modulo import variable
from modulo import variable, funcion
from modulo import *
```

El **asterisco** equivale a importar todos los elementos contenidos en un módulo aunque no es igual que importar el módulo completo. Su uso está **desaconsejado** en las **PEP 8**.

```
import modulo  # para llamar a 'A' dentro de modulo:
modulo.A
from modulo import *  # para llamar a 'A' dentro de modulo:
A
```

Los módulos a importar pueden ser archivos propios (en ese caso, se convierte el *script* en un programa) o **módulos de la biblioteca estándar** de Python.

PEP 8: importación

La importación de módulos debe realizarse al comienzo del documento, en orden alfabético de paquetes y módulos.

Primero deben importarse los módulos propios de Python. Luego, los módulos de terceros y finalmente, los módulos propios de la aplicación.

Entre cada bloque de imports, debe dejarse una línea en blanco.

Uso de elementos importados

Tanto si se ha importado un módulo completo como elementos independientes, se accede a los elementos de dicho módulo a través del espacio de nombre importado:

```
import modulosypaquetes.paquete
modulosypaquetes.paquete.modulo.funcion()

import modulosypaquetes.paquete.modulo
```

```
modulosypaquetes.paquete.modulo.funcion()

from modulosypaquetes.paquete import modulo
modulo.funcion()
from modulosypaquetes.paquete.modulo import funcion
funcion()
```

Alias

Es posible crear alias (en tiempo de importación) para acceder a los espacios de nombre de forma abreviada:

```
import modulosypaquetes.paquete.modulo as m
m.funcion()
```

8. Manipulación de cadenas de texto

En Python, toda variable se considera un *objeto*. Sobre cada objeto, pueden realizarse diferentes tipos de acciones denominadas *métodos*. Los métodos son funciones pero que se desprenden de una variable. Por ello, se accede a estas funciones mediante la sintaxis:

```
variable.funcion()
```

En algunos casos, estos métodos (funciones de un objeto), aceptarán parámetros como cualquier otra función.

```
variable.funcion(parametro)
```

Inyección de variables

Una variable se «inyecta» en una cadena de texto haciendo que su valor pase a formar parte de la cadena. Esto se hace mediante una operación de **formato**. Esto es necesario cuando la cadena a ser inyectada debe contener datos que son variables.

Para inyectar variables dentro de cadenas, las cadenas deben ser preparadas mediante el uso de modificadores. Un **modificador** puede ser un par de llaves vacías {} o un par de llaves con nombre {nombre}.

```
cadena = "Cadena preparada para recibir dos datos variables: {}
y {}."
```

La misma cadena con modificadores con nombre:

```
cadena = "Cadena preparada para recibir dos datos variables:
{dato1} y {dato2}."
```

Luego, se da formato a la cadena pasando una lista de variables que serán enlazadas a cada modificador:

```
cadena = "Cadena preparada para recibir dos datos variables: {}
y {}."
resultado = cadena.format(variable1, variable2)
```

Y si tiene modificadores con nombre:

```
cadena = "Cadena preparada para recibir dos datos variables:
{dato1} y {dato2}."
resultado = cadena.format(dato1=variable1, dato2=variable2)
```

La función **format()** es un método del objeto string. Los métodos son funciones. Los objetos, variables de un tipo de datos más complejo. Todo esto será abarcado en profundidad, en los cursos de *Scripting*.

Métodos de formato

Convertir a mayúscula la primera letra

Método: capitalize()

Retorna: una copia de la cadena con la primera letra en mayúsculas

```
>>> cadena = "bienvenido a mi aplicación"
>>> resultado = cadena.capitalize()
>>> resultado
Bienvenido a mi aplicación
```

Convertir una cadena a minúsculas

Método: lower()

Retorna: una copia de la cadena en minúsculas

```
>>> cadena = "Hola Mundo"
>>> cadena.lower()
hola mundo
```

Convertir una cadena a mayúsculas

Método: upper()

Retorna: una copia de la cadena en mayúsculas

```
>>> cadena = "Hola Mundo"
>>> cadena.upper()
HOLA MUNDO
```

Convertir mayúsculas a minúsculas y viceversa

Método: swapcase()

Retorna: una copia de la cadena convertidas las mayúsculas en minúsculas y viceversa

```
>>> cadena = "Hola Mundo"
>>> cadena.swapcase()
hOLA mUNDO
```

Convertir una cadena en Formato Título

Método: title()

Retorna: una copia de la cadena convertida

```
>>> cadena = "hola mundo"
>>> cadena.title()
Hola Mundo
```

Centrar un texto

Método: center(longitud[, "caracter de relleno"])

Retorna: una copia de la cadena centrada

```
>>> cadena = "bienvenido a mi aplicación".capitalize()
>>> cadena.center(50, "=")
==========Bienvenido a mi aplicación===========
>>> cadena.center(50, " ")
          Bienvenido a mi aplicación
```

Alinear texto a la izquierda

Método: ljust(longitud[, "caracter de relleno"])

Retorna: una copia de la cadena alineada a la izquierda

```
>>> cadena = "bienvenido a mi aplicación".capitalize()
>>> cadena.ljust(50, "=")
Bienvenido a mi aplicación=======================
```

Alinear texto a la derecha

Método: rjust(longitud[, "caracter de relleno"])

Retorna: una copia de la cadena alineada a la derecha

```
>>> cadena = "bienvenido a mi aplicación".capitalize()
>>> cadena.rjust(50, "=")
========================Bienvenido a mi aplicación
>>> cadena.rjust(50, " ")
                        Bienvenido a mi aplicación
```

Rellenar un texto anteponiendo ceros

Método: zfill(longitud)

Retorna: una copia de la cadena rellena con ceros a la izquierda hasta alcanzar la longitud final indicada

```
>>> numero_factura = 1575
>>> str(numero_factura).zfill(12)
000000001575
```

Métodos de Búsqueda

Contar cantidad de apariciones de un fragmento de texto

Método: count("subcadena"[, posicion_inicio, posicion_fin])

Retorna: un entero representando la cantidad de apariciones de *subcadena* dentro de cadena

```
>>> cadena = "bienvenido a mi aplicación".capitalize()
>>> cadena.count("a")
3
```

Buscar un fragmento de texto dentro de una cadena

Método: find("subcadena"[, posicion_inicio, posicion_fin])

Retorna: un entero representando la posición donde inicia la *subcadena* dentro de cadena. Si no la encuentra, retorna -1

```
>>> cadena = "bienvenido a mi aplicación".capitalize()
>>> cadena.find("mi")
13
>>> cadena.find("mi", 0, 10)
-1
```

Métodos de Validación

Saber si una cadena comienza por un texto determinado

Método: startswith("subcadena"[, posicion_inicio, posicion_fin])

Retorna: True o False

```
>>> cadena = "bienvenido a mi aplicación".capitalize()
>>> cadena.startswith("Bienvenido")
True
>>> cadena.startswith("aplicación")
False
>>> cadena.startswith("aplicación", 16)
True
```

Saber si una cadena finaliza con un texto determinado

Método: endswith("subcadena"[, posicion_inicio, posicion_fin])

Retorna: True o False

```
>>> cadena = "bienvenido a mi aplicación".capitalize()
>>> cadena.endswith("aplicación")
True
>>> cadena.endswith("Bienvenido")
```

```
False
>>> cadena.endswith("Bienvenido", 0, 10)
True
```

Saber si una cadena es alfanumérica

Método: isalnum()

Retorna: True o False

```
>>> cadena = "pepegrillo 75"
>>> cadena.isalnum()
False
>>> cadena = "pepegrillo"
>>> cadena.isalnum()
True
>>> cadena = "pepegrillo75"
>>> cadena.isalnum()
True
```

Saber si una cadena es alfabética

Método: isalpha()

Retorna: True o False

```
>>> cadena = "pepegrillo 75"
>>> cadena.isalpha()
False
>>> cadena = "pepegrillo"
>>> cadena.isalpha()
True
>>> cadena = "pepegrillo75"
>>> cadena.isalpha()
False
```

Saber si una cadena es numérica

Método: isdigit()

Retorna: True o False

```
>>> cadena = "pepegrillo 75"
>>> cadena.isdigit()
False
>>> cadena = "7584"
>>> cadena.isdigit()
True
>>> cadena = "75 84"
>>> cadena.isdigit()
False
>>> cadena = "75.84"
>>> cadena.isdigit()
False
```

Saber si una cadena contiene solo minúsculas

Método: islower()

Retorna: True o False

```
>>> cadena = "pepe grillo"
>>> cadena.islower()
True
>>> cadena = "Pepe Grillo"
>>> cadena.islower()
False
>>> cadena = "Pepegrillo"
>>> cadena.islower()
False
>>> cadena = "pepegrillo75"
>>> cadena.islower()
True
```

Saber si una cadena contiene solo mayúsculas

Método: isupper()

Retorna: True o False

```
>>> cadena = "PEPE GRILLO"
>>> cadena.isupper()
True
>>> cadena = "Pepe Grillo"
>>> cadena.isupper()
False
```

```
>>> cadena = "Pepegrillo"
>>> cadena.isupper()
False
>>> cadena = "PEPEGRILLO"
>>> cadena.isupper()
True
```

Saber si una cadena contiene solo espacios en blanco

Método: isspace()

Retorna: True o False

```
>>> cadena = "pepe grillo"
>>> cadena.isspace()
False
>>> cadena = "         "
>>> cadena.isspace()
True
```

Saber si una cadena tiene formato tipo título

Método: istitle()

Retorna: True o False

```
>>> cadena = "Pepe Grillo"
>>> cadena.istitle()
True
>>> cadena = "Pepe grillo"
>>> cadena.istitle()
False
```

Métodos de Sustitución

Dar formato a una cadena, sustituyendo texto dinámicamente

Método: format(*args, **kwargs)

Retorna: la cadena formateada

```
>>> cadena = "bienvenido a mi aplicación {0}"
>>> cadena.format("en Python")
bienvenido a mi aplicación en Python

>>> cadena = "Importe bruto: ${0} + IVA: ${1} = Importe
neto: {2}"
>>> cadena.format(100, 21, 121)
Importe bruto: $100 + IVA: $21 = Importe neto: 121

>>> cadena = "Importe bruto: ${bruto} + IVA: ${iva} =
Importe neto: {neto}"
>>> cadena.format(bruto=100, iva=21, neto=121)
Importe bruto: $100 + IVA: $21 = Importe neto: 121

>>> cadena.format(bruto=100, iva=100 * 21 / 100, neto=100 * 21 /
100 + 100)
Importe bruto: $100 + IVA: $21 = Importe neto: 121
```

Reemplazar texto en una cadena

Método: replace("buscada", "reemplazo")

Retorna: la cadena reemplazada

```
>>> buscada = "nombre apellido"
>>> reemplazo = "Juan Pérez"
>>> "Estimado Sr. nombre apellido:".replace(buscada,
reemplazo)
Estimado Sr. Juan Pérez:
```

Eliminar caracteres a la izquierda y derecha de una cadena

Método: strip(["caracter"])

Retorna: la cadena sustituida

```
>>> cadena = "  www.eugeniabahit.co.uk  "
>>> cadena.strip()
```

```
www.eugeniabahit.co.uk
>>> cadena.strip(' ')
www.eugeniabahit.co.uk
```

Eliminar caracteres a la izquierda de una cadena

Método: lstrip(["caracter"])

Retorna: la cadena sustituida

```
>>> cadena = "www.eugeniabahit.co.uk"
>>> cadena.lstrip("w." )
eugeniabahit.co.uk

>>> cadena = "        www.eugeniabahit.co.uk"
>>> cadena.lstrip()
www.eugeniabahit.co.uk
```

Eliminar caracteres a la derecha de una cadena

Método: rstrip(["caracter"])

Retorna: la cadena sustituida

```
>>> cadena = "www.eugeniabahit.co.uk        "
>>> cadena.rstrip( )
www.eugeniabahit.co.uk
```

Métodos de unión y división

Unir una cadena de forma iterativa

Método: join(iterable)

Retorna: la cadena unida con el iterable (la cadena es separada por cada uno de los elementos del iterable)

```
>>> rellenos = ("Nº 0000-0", "-0000 (ID: ", ")")
>>> numero = "275"
>>> numero_factura = numero.join(rellenos)
```

```
>>> numero_factura
Nº 0000-0275-0000 (ID: 275)
```

Partir una cadena en tres partes, utilizando un separador

Método: partition("separador")
Retorna: una tupla de tres elementos donde el primero es el contenido de la cadena previo al separador, el segundo, el separador mismo y el tercero, el contenido de la cadena posterior al separador.

```
>>> url = "https://www.eugeniabahit.co.uk"
>>> tupla = url.partition("www.")
>>> tupla
('https://', 'www.', 'eugeniabahit.co.uk')

>>> protocolo, separador, dominio = tupla
>>>> "Protocolo: {0}\nDominio: {1}".format(protocolo,
dominio)
Protocolo: https://
Dominio: eugeniabahit.co.uk
```

Partir una cadena en varias partes, utilizando un separador

Método: split("separador")

Retorna: una lista con todos elementos encontrados al dividir la cadena por un separador

```
>>> keywords = "python, guia, curso".split(", ")
>>> keywords
['python', 'guia', 'curso']
```

Partir una cadena en en líneas

Método: splitlines()

Manipulación de cadenas de texto | 57

Retorna: una lista donde cada elemento es una fracción de la cadena divida en líneas

```
>>> texto = """Linea 1
Linea 2
Linea 3
Linea 4
"""
>>> texto.splitlines()
['Linea 1', 'Linea 2', 'Linea 3', 'Linea 4']

>>> texto = "Linea 1\nLinea 2\nLinea 3"
>>> texto.splitlines()
['Linea 1', 'Linea 2', 'Linea 3']
```

9. Manipulación de listas y tuplas

En este capítulo, se verán los métodos que posee el objeto *lista*. Algunos de ellos, también se encuentran disponibles para las *tuplas*.

Métodos de agregado

Agregar un elemento al final de la lista

Método: append("nuevo elemento")

```
>>> nombres_masculinos = ["Alvaro", "Jacinto", "Miguel",
"Edgardo", "David"]
>>> nombres_masculinos.append("Jose")
>>> nombres_masculinos
['Alvaro', 'David', 'Edgardo', 'Jacinto', 'Jose', 'Ricky',
'Jose']
```

Agregar varios elementos al final de la lista

Método: extend(otra_lista)

```
>>> nombres_masculinos.extend(["Jose", "Gerardo"])
>>> nombres_masculinos
```

```
['Alvaro', 'David', 'Edgardo', 'Jacinto', 'Jose', 'Ricky',
'Jose', 'Jose', 'Gerardo']
```

Agregar un elemento en una posición determinada

Método: insert(posición, "nuevo elemento")

```
>>> nombres_masculinos.insert(0, "Ricky")
>>> nombres_masculinos
['Ricky', 'Alvaro', 'David', 'Edgardo', 'Jacinto', 'Jose',
'Ricky', 'Jose', 'Jose', 'Gerardo']
```

Métodos de eliminación

Eliminar el último elemento de la lista

Método: pop()

Retorna: el elemento eliminado

```
>>> nombres_masculinos.pop()
'Gerardo'
>>> nombres_masculinos
['Ricky', 'Alvaro', 'David', 'Edgardo', 'Jacinto', 'Jose',
'Ricky', 'Jose', 'Jose']
```

Eliminar un elemento por su índice

Método: pop(índice)

Retorna: el elemento eliminado

```
>>> nombres_masculinos.pop(3)
'Edgardo'

>>> nombres_masculinos
['Ricky', 'Alvaro', 'David', 'Jacinto', 'Jose', 'Ricky', 'Jose',
'Jose']
```

Eliminar un elemento por su valor

Método: remove("valor")

```
>>> nombres_masculinos.remove("Jose")
>>> nombres_masculinos
['Ricky', 'Alvaro', 'David', 'Jacinto', 'Ricky', 'Jose', 'Jose']
```

Métodos de orden

Ordenar una lista en reversa (invertir orden)

Método: reverse()

```
>>> nombres_masculinos.reverse()
>>> nombres_masculinos
['Jose', 'Jose', 'Ricky', 'Jacinto', 'David', 'Alvaro', 'Ricky']
```

Ordenar una lista en forma ascendente

Método: sort()

```
>>> nombres_masculinos.sort()
>>> nombres_masculinos
['Alvaro', 'David', 'Jacinto', 'Jose', 'Jose', 'Ricky', 'Ricky']
```

Ordenar una lista en forma descendente

Método: sort(reverse=True)

```
>>> nombres_masculinos.sort(reverse=True)
>>> nombres_masculinos
['Ricky', 'Ricky', 'Jose', 'Jose', 'Jacinto', 'David', 'Alvaro']
```

Métodos de búsqueda

Contar cantidad de apariciones elementos

Método: count(elemento)

```
>>> nombres_masculinos = ["Alvaro", "Miguel", "Edgardo",
"David", "Miguel"]
>>> nombres_masculinos.count("Miguel")
2

>>> nombres_masculinos = ("Alvaro", "Miguel", "Edgardo",
"David", "Miguel")
>>> nombres_masculinos.count("Miguel")
2
```

Obtener número de índice

Método: index(elemento[, indice_inicio, indice_fin])

```
>>> nombres_masculinos.index("Miguel")
1

>>> nombres_masculinos.index("Miguel", 2, 5)
4
```

Anexo sobre listas y tuplas

Conversión de tipos

En el conjunto de las funciones integradas de Python, es posible encontrar dos funciones que permiten convertir listas en tuplas, y viceversa. Estas funciones son *list* y *tuple*, para convertir tuplas a listas y listas a tuplas, respectivamente.

Uno de los usos más frecuentes es el de conversión de tuplas a listas, que requieran ser modificadas. Esto sucede a menudo con los resultados obtenidos a partir de una consulta a base de datos.

```
>>> tupla = (1, 2, 3, 4)
>>> tupla
(1, 2, 3, 4)

>>> list(tupla)
[1, 2, 3, 4]

>>> lista = [1, 2, 3, 4]
>>> lista
[1, 2, 3, 4]

>>> tuple(lista)
(1, 2, 3, 4)
```

Concatenación de colecciones

Se pueden concatenar (o unir) dos o más listas o dos o más tuplas, mediante el signo de adición +.

No puede unirse una lista a una tupla. Las colecciones a unir deben ser del mismo tipo.

```
>>> lista1 = [1, 2, 3, 4]
>>> lista2 = [3, 4, 5, 6, 7, 8]
>>> lista3 = lista1 + lista2
>>> lista3
[1, 2, 3, 4, 3, 4, 5, 6, 7, 8]

>>> tupla1 = (1, 2, 3, 4, 5)
>>> tupla2 = (4, 6, 8, 10)
>>> tupla3 = (3, 5, 7, 9)
>>> tupla4 = tupla1 + tupla2 + tupla3
>>> tupla4
(1, 2, 3, 4, 5, 4, 6, 8, 10, 3, 5, 7, 9)
```

Valor máximo y mínimo

Se puede obtener el valor máximo y mínimo tanto de listas como de tuplas:

```
>>> max(tupla4)
10
>>> max(tupla1)
```

```
5
>>> min(tupla1)
1
>>> max(lista3)
8
>>> min(lista1)
1
```

Contar elementos

La función `len()` sirve tanto para contar elementos de una lista o tupla, como caracteres de una cadena de texto:

```
>>> len(lista3)
10
>>> len(lista1)
4
```

10. Manipulación de diccionarios

Métodos de eliminación

Vaciar un diccionario

Método: clear()

```
>>> diccionario = {"color": "violeta", "talle": "XS", "precio":
174.25}
>>> diccionario
{'color': 'violeta', 'precio': 174.25, 'talle': 'XS'}

>>> diccionario.clear()
>>> diccionario
{}
```

Métodos de agregado y creación

Copiar un diccionario

Método: copy()

```
>>> diccionario = {"color": "violeta", "talle": "XS", "precio":
174.25}
>>> camiseta = diccionario.copy()
>>> diccionario
{'color': 'violeta', 'precio': 174.25, 'talle': 'XS'}

>>> camiseta
{'color': 'violeta', 'precio': 174.25, 'talle': 'XS'}

>>> diccionario.clear()
>>> diccionario
{}

>>> camiseta
{'color': 'violeta', 'precio': 174.25, 'talle': 'XS'}

>>> musculosa = camiseta
>>> camiseta
{'color': 'violeta', 'precio': 174.25, 'talle': 'XS'}

>>> musculosa
{'color': 'violeta', 'precio': 174.25, 'talle': 'XS'}

>>> camiseta.clear()
>>> camiseta
{}

>>> musculosa
{}
```

Crear un nuevo diccionario desde las claves de una secuencia

Método: dict.fromkeys(secuencia[, valor por defecto])

```
>>> secuencia = ["color", "talle", "marca"]
>>> diccionario1 = dict.fromkeys(secuencia)
>>> diccionario1
{'color': None, 'marca': None, 'talle': None}
```

```
>>> diccionario2 = dict.fromkeys(secuencia, 'valor x defecto')
>>> diccionario2
{'color': 'valor x defecto', 'marca': 'valor x defecto',
'talle': 'valor x defecto'}
```

Concatenar diccionarios

Método: update(diccionario)

```
>>> diccionario1 = {"color": "verde", "precio": 45}
>>> diccionario2 = {"talle": "M", "marca": "Lacoste"}
>>> diccionario1.update(diccionario2)
>>> diccionario1
{'color': 'verde', 'precio': 45, 'marca': 'Lacoste', 'talle':
'M'}
```

Establecer una clave y valor por defecto

Método: setdefault("clave"[, None|valor_por_defecto])

> *Si la clave no existe, la crea con el valor por defecto. Siempre retorna el valor para la clave pasada como parámetro.*

```
>>> camiseta = {"color": "rosa", "marca": "Zara"}
>>> clave = camiseta.setdefault("talle", "U")
>>> clave
'U'

>>> camiseta
{'color': 'rosa', 'marca': 'Zara', 'talle': 'U'}

>>> camiseta2 = camiseta.copy()
>>> camiseta2
{'color': 'rosa', 'marca': 'Zara', 'talle': 'U'}

>>> clave = camiseta2.setdefault("estampado")
>>> clave
>>> camiseta2
{'color': 'rosa', 'estampado': None, 'marca': 'Zara', 'talle':
'U'}

>>> clave = camiseta2.setdefault("marca", "Lacoste")
>>> clave
```

```
'Zara'

>>> camiseta2
{'color': 'rosa', 'estampado': None, 'marca': 'Zara', 'talle':
'U'}
```

Métodos de retorno

Obtener el valor de una clave

Método: get(clave[, "valor x defecto si la clave no existe"])

```
>>> camiseta.get("color")
'rosa'

>>> camiseta.get("stock")
>>> camiseta.get("stock", "sin stock")
'sin stock'
```

Saber si una clave existe en el diccionario

Método: 'clave' in diccionario

```
>>> existe = 'precio' in camiseta
>>> existe
False

>>> existe = 'color' in camiseta
>>> existe
True
```

Obtener las claves y valores de un diccionario

Método: items()

```
diccionario = {'color': 'rosa', 'marca': 'Zara', 'talle':
'U'}

for clave, valor in diccionario.items():
    clave, valor

Salida:
```

```
('color', 'rosa')
('marca', 'Zara')
('talle', 'U')
```

En Python 2 existía iteritems():

```
>>> a = dict(a=1, b=2)
>>> a.iteritems()
```

En Python 3 ya no existe:

```
>>> a.iteritems()
Traceback (most recent call last):
  File "<stdin>", line 1, in <module>
AttributeError: 'dict' object has no attribute 'iteritems'
```

Debe emplearse items() para generar código híbrido. No obstante, tener en cuenta que los objetos retornados se verán de forma diferente en ambas versiones.
Python 3:

```
>>> a.items()
dict_items([('a', 1), ('b', 9)])
```

Python 2:

```
>>> a.items()
[('a', 1), ('b', 9)]
```

Sin embargo, se itera igual en las dos:

```
for tupla in a.items():
    tupla

('a', 1)
('b', 9)
```

Obtener las claves de un diccionario

Método: keys()

```
diccionario = {'color': 'rosa', 'marca': 'Zara', 'talle': 'U'}
for clave in diccionario.keys():
    clave
'marca'
'talle'
'color'
```

Obtener claves en una lista:

```
>>> diccionario = {'color': 'rosa', 'marca': 'Zara', 'talle':
'U'}
>>> claves = list(diccionario.keys())
>>> claves
['color', 'marca', 'talle']
```

Obtener los valores de un diccionario

Método: values()

```
diccionario = {'color': 'rosa', 'marca': 'Zara', 'talle': 'U'}
for clave in diccionario.values():
    clave

'rosa'
'Zara'
'U'
```

Obtener valores en una lista:

```
diccionario = {'color': 'rosa', 'marca': 'Zara', 'talle': 'U'}
claves = list(diccionario.values())

Salida:
['Zara', 'U', 'rosa']
```

Obtener la cantidad de elementos de un diccionario

Para contar los elementos de un diccionario, al igual que con las listas y tuplas, se utiliza la función integrada `len()`

```
diccionario = {'color': 'rosa', 'marca': 'Zara', 'talle': 'U'}
len(diccionario)
# Salida: 3
```

11. Manejo y manipulación de archivos

Python permite trabajar en dos niveles diferentes con respecto al sistema de archivos y directorios.

Uno de ellos, es a través del módulo *os*, que facilita el trabajo con todo el sistema de archivos y directorios, a nivel del propios Sistema Operativo.

El segundo nivel, es el que permite trabajar con archivos manipulando su lectura y escritura desde la propia aplicación o *script*, tratando a cada archivo como un objeto.

Modos de Apertura de un archivo

El **modo de apertura de un archivo**, está relacionado con el objetivo final que responde a la pregunta *"¿para qué se está abriendo este archivo?"*. Las respuestas pueden ser varias: para leer, para escribir, o para leer y escribir.

Cada vez que se "abre" un archivo se está creando un ***puntero en memoria***.

Este puntero posicionará un **cursor** (o *punto de acceso*) en un lugar específico de la memoria (dicho de modo más simple, posicionará el cursor en un *byte* determinado del contenido del archivo).

Este cursor se moverá dentro del archivo, a medida que se lea o escriba en dicho archivo.

Cuando un archivo se abre en modo lectura, el cursor se posiciona en el *byte* 0 del archivo (es decir, al comienzo del archivo). Una vez leído el archivo, el cursor pasa al *byte final* del archivo (equivalente a cantidad total de *bytes* del archivo). Lo mismo sucede cuando se abre en modo escritura. El cursor se moverá a medida que se va escribiendo.

Cuando se desea escribir al final de un archivo no nulo, se utiliza el modo *append* (agregar). De esta forma, el archivo se abre con el cursor al final del archivo.

El símbolo + como sufijo de un modo, agrega el modo contrario al de apertura una vez se ejecute la acción de apertura. Por ejemplo, el modo r (read) con el sufijo + (r+), abre el archivo para lectura, y tras la lectura, vuelve el cursor al *byte* 0.

La siguiente tabla muestra los diferentes modos de apertura para un archivo abierto con la función *open*.

Indicador	Modo de apertura	Ubicación del puntero
r	Solo lectura	Al inicio del archivo
rb	Solo lectura en modo binario	Al inicio del archivo
r+	Lectura y escritura	Al inicio del archivo
rb+	Lectura y escritura en modo binario	Al inicio del archivo
w	Solo escritura. Sobrescribe el archivo si existe. Crea el archivo si no existe.	Al inicio del archivo

Indicador	Modo de apertura	Ubicación del puntero
wb	Solo escritura en modo binario. Sobrescribe el archivo si existe. Crea el archivo si no existe.	Al inicio del archivo
w+	Escritura y lectura. Sobrescribe el archivo si existe. Crea el archivo si no existe.	Al inicio del archivo
wb+	Escritura y lectura en modo binario. Sobrescribe el archivo si existe. Crea el archivo si no existe.	Al inicio del archivo
a	Añadido (agregar contenido). Crea el archivo si éste no existe.	Si el archivo existe, al final de éste. Si el archivo no existe, al comienzo.
ab	Añadido en modo binario (agregar contenido). Crea el archivo si éste no existe.	Si el archivo existe, al final de éste. Si el archivo no existe, al comienzo.
a+	Añadido (agregar contenido) y lectura. Crea el archivo si éste no existe.	Si el archivo existe, al final de éste. Si el archivo no existe, al comienzo.
w+	Escritura y lectura. Sobrescribe el archivo si existe. Crea el archivo si no existe.	Al inicio del archivo
ab+	Añadido (agregar contenido) y lectura en modo binario. Crea el archivo si éste no existe.	Si el archivo existe, al final de éste. Si el archivo no existe, al comienzo.

Algunos métodos del Objeto File

El objeto file, entre sus métodos dispone de los siguientes (no todos los métodos del objeto *file* se listan a continuación):

Método	Descripción
`read([bytes])`	Lee todo el contenido de un archivo. Si se le pasa la longitud de bytes, leerá solo el contenido hasta la longitud indicada.

Método	Descripción
readlines()	Lee todas las líneas de un archivo
write(cadena)	Escribe *cadena* dentro del archivo
writelines(secuencia)	Secuencia será cualquier iterable cuyos elementos serán escritos uno por línea

Acceso a archivos mediante la estructura with

Con la estructura with y la función open(), puede abrirse un archivo en cualquier modo y trabajar con él, sin necesidad de cerrarlo o destruir el puntero, ya que de esto se encarga la estructura with.

Leer un archivo:

```python
with open("archivo.txt", "r") as archivo:
    contenido = archivo.read()
```

Escribir en un archivo:

```python
contenido = """
    Este será el contenido del nuevo archivo.
    El archivo tendrá varias líneas.
"""

with open("archivo.txt", "r") as archivo:
    archivo.write(contenido)
```

12. Manejo de archivos CSV

El formato **CSV** deriva su nombre del inglés *«comma separated values»* (valores separados por coma), definido en las RFC 4180[2]. Se trata de archivos de texto plano, destinados al almacenamiento masivo de datos. Es uno de los formatos más simples para efectuar análisis de datos. De

---

2   https://tools.ietf.org/rfc/rfc4180.txt

hecho, muchos formatos de archivo no libres (o libres pero más complejos), suelen pasarse a formato CSV para aplicar ciencia de datos compleja con diversos lenguajes.

Un archivo CSV se encuentra formado por una cabecera que define nombres de columnas, y las filas siguientes, tienen los datos correspondientes a cada columna, separados por una coma. Sin embargo, muchos otros símbolos pueden utilizarse como separadores de celdas. Entre ellos, el tabulado y el punto y coma son igual de frecuentes que la coma.

Algunos ejemplos de archivos CSV

Datos meteorológicos (separados por ;)

```
ID;DATA;VV;DV;T;HR;PPT;RS;P
0;2016-03-01 00:00:00;;;9.9;73;;;
1;2016-03-01 00:30:00;;;9.0;67;;;
2;2016-03-01 01:00:00;;;8.3;64;;;
3;2016-03-01 01:30:00;;;8.0;61;;;
4;2016-03-01 02:00:00;;;7.4;62;;;
5;2016-03-01 02:30:00;;;8.3;47;;;
6;2016-03-01 03:00:00;;;7.7;50;;;
7;2016-03-01 03:30:00;;;9.0;39;;;
```

Puntajes obtenidos por jugadores de un torneo (separados por coma)

```
nombre,cantidad,anio
Maria,858,1930
Jose,665,1930
Rosa,591,1930
Juan Carlos,522,1930
Antonio,509,1930
Maria Esther,495,1930
Maria Luisa,470,1930
Juana,453,1930
Juan,436,1930
```

Empresas registradas en la Inspección General de Justicia de Argentina (separados por , y datos entrecomillados)

```
"numero_correlativo","tipo_societario","descripcion_tipo_societa
rio","razon_social","dada_de_baja","codigo_baja","detalle_baja"
"10","10","SOCIEDAD COLECTIVA","A A VALLE Y
COMPA¥IA","S","42014","PERTENECE A REGISTRO ENTIDADES INACTIVAS"
"11","10","SOCIEDAD COLECTIVA","A LUCERO Y H
CARATOLI","S","42014","PERTENECE A REGISTRO ENTIDADES INACTIVAS"
"12","10","SOCIEDAD COLECTIVA","A PUIG E
HIJOS","S","42014","PERTENECE A REGISTRO ENTIDADES INACTIVAS"
"13","10","SOCIEDAD COLECTIVA","A C I C
A","S","42014","PERTENECE A REGISTRO ENTIDADES INACTIVAS"
"14","10","SOCIEDAD COLECTIVA","A¥ON BEATRIZ S Y
CIA","S","42014","PERTENECE A REGISTRO ENTIDADES INACTIVAS"
"15","10","SOCIEDAD COLECTIVA","ABA
DIESEL","S","42014","PERTENECE A REGISTRO ENTIDADES INACTIVAS"
"16","10","SOCIEDAD COLECTIVA","ABADA L JOSE Y JORGE JOSE
ABADAL","S","42014","PERTENECE A REGISTRO ENTIDADES INACTIVAS"
"17","10","SOCIEDAD COLECTIVA","ABADAL JOSE E
HIJO","S","42014","PERTENECE A REGISTRO ENTIDADES INACTIVAS"
"18","10","SOCIEDAD COLECTIVA","ABATE Y
MACIAS","S","42014","PERTENECE A REGISTRO ENTIDADES INACTIVAS"
```

Es posible también, encontrar datos almacenados en archivos de texto (TXT) con formatos muy similares al que se espera encontrar en un CSV. A veces es posible desarrollar un script de formato para corregir estos archivos y así poder trabajar con un CSV.

Observaciones meteorológicas en TXT

```
FECHA     TMAX  TMIN  NOMBRE
--------  ----- ----- --------------------------------
07122017  28.0  19.0 AEROPARQUE AERO
07122017  26.8  12.4 AZUL AERO
07122017  29.6   7.8 BAHIA BLANCA AERO
07122017  22.7   6.7 BARILOCHE AERO
07122017   3.0  -8.5 BASE BELGRANO II
07122017   2.4  -0.2 BASE CARLINI (EX JUBANY)
07122017   3.9  -0.6 BASE ESPERANZA
07122017   0.7  -3.6 BASE MARAMBIO
```

Trabajar con archivos CSV desde Python

Python provee de un módulo propio llamado csv, que facilita el parseo de los datos de archivos CSV, tanto para lectura como escritura.

Este módulo, se utiliza en combinación con la estructura with y la función open, para leer o generar el archivo, y el módulo CSV para su análisis (*parsing*).

Lectura de archivos CSV

Contenido de archivo.csv

```
0;2016-03-01 00:00:00;;;9.9;73;;;
1;2016-03-01 00:30:00;;;9.0;67;;;
2;2016-03-01 01:00:00;;;8.3;64;;;
3;2016-03-01 01:30:00;;;8.0;61;;;
4;2016-03-01 02:00:00;;;7.4;62;;;
5;2016-03-01 02:30:00;;;8.3;47;;;
6;2016-03-01 03:00:00;;;7.7;50;;;
7;2016-03-01 03:30:00;;;9.0;39;;;
8;2016-03-01 04:00:00;;;8.7;39;;;
```

```python
from csv import reader


with open("archivo.csv", "r") as archivo:
    documento = reader(archivo, delimiter=';', quotechar='"')
    for fila in documento:
        ' '.join(fila)
```

Salida:

```
'0 2016-03-01 00:00:00   9.9 73   '
'1 2016-03-01 00:30:00   9.0 67   '
'2 2016-03-01 01:00:00   8.3 64   '
'3 2016-03-01 01:30:00   8.0 61   '
'4 2016-03-01 02:00:00   7.4 62   '
'5 2016-03-01 02:30:00   8.3 47   '
'6 2016-03-01 03:00:00   7.7 50   '
'7 2016-03-01 03:30:00   9.0 39   '
'8 2016-03-01 04:00:00   8.7 39   '
```

Cuando el archivo CSV tiene una cabecera, es necesario saltar dicho encabezado:

Contenido de archivo.csv

```
ID;DATA;VV;DV;T;HR;PPT;RS;P
0;2016-03-01 00:00:00;;;9.9;73;;;
1;2016-03-01 00:30:00;;;9.0;67;;;
2;2016-03-01 01:00:00;;;8.3;64;;;
3;2016-03-01 01:30:00;;;8.0;61;;;
4;2016-03-01 02:00:00;;;7.4;62;;;
5;2016-03-01 02:30:00;;;8.3;47;;;
6;2016-03-01 03:00:00;;;7.7;50;;;
7;2016-03-01 03:30:00;;;9.0;39;;;
8;2016-03-01 04:00:00;;;8.7;39;;;
```

```
from csv import reader


with open("archivo.csv", "r") as archivo:
    documento = reader(archivo, delimiter=';', quotechar='"')
    cabeceras = next(documento)
    for fila in documento:
        ' '.join(fila)
```

Salida:

```
'0 2016-03-01 00:00:00    9.9 73    '
'1 2016-03-01 00:30:00    9.0 67    '
'2 2016-03-01 01:00:00    8.3 64    '
'3 2016-03-01 01:30:00    8.0 61    '
'4 2016-03-01 02:00:00    7.4 62    '
'5 2016 03 01 02:30:00    0.3 47    '
'6 2016-03-01 03:00:00    7.7 50    '
'7 2016-03-01 03:30:00    9.0 39    '
'8 2016-03-01 04:00:00    8.7 39    '
```

Otra forma de leer archivos CSV con cabeceras, es utilizar el objeto *DictReader* en vez de *reader*, y así acceder solo al valor de las columnas deseadas, por su nombre:

```
from csv import DictReader
```

```python
with open("archivo.csv", "r") as archivo:
    documento = DictReader(archivo, delimiter=';',
quotechar='"')
    for fila in documento:
        fila['DATA']
```

Salida:

```
'2016-03-01 00:00:00'
'2016-03-01 00:30:00'
'2016-03-01 01:00:00'
'2016-03-01 01:30:00'
'2016-03-01 02:00:00'
'2016-03-01 02:30:00'
'2016-03-01 03:00:00'
'2016-03-01 03:30:00'
'2016-03-01 04:00:00'
```

Escritura de archivos CSV

Escritura de un CSV sin cabecera:

```python
from csv import writer
```

```python
with open("datos.csv", "w") as archivo:
    doc = writer(archivo, delimiter=';', quotechar='"')
    doc.writerows(matriz)
```

En el ejemplo anterior, una matriz podría ser una lista de listas con igual cantidad de elementos. Por ejemplo:

```python
matriz = [
    ['Juan', 373, 1970],
    ['Ana', 124, 1983],
    ['Pedro', 901, 1650],
    ['Rosa', 300, 2000],
    ['Juana', 75, 1975],
]
```

Lo anterior, generaría un archivo llamado *datos.csv* con el siguiente contenido:

```
eugenia@bella:~$ cat datos.csv
Juan;373;1970
Ana;124;1983
Pedro;901;1650
Rosa;300;2000
Juana;75;1975
```

Escritura de un CSV con cabecera:

En este caso, la matriz a ser escrita requerirá ser una lista de diccionarios cuyas claves coincidan con las cabeceras indicadas.

```
matriz = [
    dict(jugador='Juan', puntos=373, anio=1970),
    dict(jugador='Ana', puntos=124, anio=1983),
    dict(jugador='Pedro', puntos=901, anio=1650),
    dict(jugador='Rosa', puntos=300, anio=2000),
    dict(jugador='Juana', puntos=75, anio=1975),
]


from csv import DictWriter

cabeceras = ['jugador', 'puntos', 'anio']


with open("datos.csv", "w") as archivo:
    documento = DictWriter(
        archivo, delimiter=';',
        quotechar='"',
        fieldnames=cabeceras
    )
    documento.writeheader()
    documento.writerows(matriz)
```

13. Manipulación avanzada de cadenas de texto

Python provee de soporte nativo para búsquedas mediante expresiones regulares, de forma similar a Perl.

Una **expresión regular** es un patrón de caracteres de reconocimiento, que aplicado sobre una cadena de texto, permite encontrar fragmentos que coincidan con dicha expresión.

Para definir los patrones se utilizan **caracteres** de forma simbólica (es decir, que cada carácter posee un significado particular en el patrón). Por ejemplo, el patrón "^ho" significa «cadena que comienza por las letras ho», y "la$", significa «cadena que finaliza por las letras la». Mientras que el acento circunflejo ^ simboliza los comienzos de cadenas, el signo dólar, simboliza los finales. Los caracteres simbólicos se listan a continuación.

Caracteres de posición			
^	Inicio de cadena	$	Final de cadena
Cuantificadores			
?	Cero o uno	*	Cero o más
+	Uno o más	{n}	n veces
{n,}	n o más veces	{,m}	Entre 0 y n veces
{n,m}	Entre n y m veces		
Agrupamiento			
(...)	Grupo exacto	[...]	Caracteres opcionales y rangos
|	Operador lógico «or» (A|B)	-	Usado para expresar un rango [a-z]

Caracteres de formato			
\\	Caracter de escape para expresar literales: \\. (literal del carácter punto)	\\d	Dígito[NOTA]
Caracteres de posición			
.	Cualquier carácter excepto el salto de línea	\\n	Salto de línea
\\s	Espacio en blanco[NOTA]	\\w	Palabra[NOTA]

NOTA: En mayúsculas significa lo contrario. Por ejemplo, \\S simboliza cualquier carácter que no sea un espacio en blanco.

Expresiones regulares en Python

Para realizar búsquedas mediante expresiones regulares en Python, se utiliza el **módulo re**. La función **search** de este módulo, permite realizar una búsqueda mediante la sintaxis:

```
search(expresión, cadena)
```

Una búsqueda mediante la función search, en caso de encontrar al menos una coincidencia, retornará un objeto SRE_Match. Se accede a cada grupo de coincidencias mediante el método **group(índice)**.

```
from re import search
cadena = "hola mundo"
ser = search("a\sm", cadena)
ser.group(0)
'a m'
```

En la administración de sistemas GNU/Linux, el uso del constructor with para la apertura de archivos, combinado con métodos de del objeto string y expresiones regulares, se puede emplear en el análisis de registros (*logs*) del sistema.

Se toma como ejemplo el archivo de autenticación, /var/log/auth.log

Las siguientes líneas, representan un intento de autenticación fallida del usuario eugenia como root del sistema:

```
Nov 13 13:34:23 bella su[25375]: pam_unix(su:auth):
authentication failure; logname= uid=1000 euid=0 tty=/dev/pts/0
ruser=eugenia rhost=  user=root
Nov 13 13:34:25 bella su[25375]: pam_authenticate:
Authentication failure
Nov 13 13:34:25 bella su[25375]: FAILED su for root by eugenia
```

La última línea puede utilizarse como patrón, para por ejemplo, obtener una lista de autenticaciones fallidas similares:

```
from re import search


with open("/var/log/auth.log", "r") as f:
    log = f.read()


regex = "(.)+: FAILED su for root by [a-z]+\n"
ser = search(regex, log)

>>> ser.group(0)
'Nov 13 13:34:25 bella su[25375]: FAILED su for root by eugenia\
n'
```

En la expresión anterior:

```
(.)+        Indica cualquier carácter una o más veces.
            Esto coincidirá con la fecha del registro, comando e
            ID del proceso: Nov 13 13:34:25 bella su[25375]
            La cadena que sigue, es un literal.

[a-z]+      Coincide con el nombre de usuario ya que indica
            cualquier letra entre la a y la z, repetidas una o más
            veces: eugenia

\n          El salto de línea coincidiría con el final del
            registro
```

El mismo sistema puede emplearse para analizar registros de servicios, sistema, etc., entre ellos, el de Apache, el syslog y otros.

14. Creando menús de opciones

Creación de un menú de opciones básico

En el *scripting*, puede resultar útil, dar al usuario un menú de opciones y hacer que el script, actúe según la opción elegida por el usuario. A continuación, se muestra un truco para resolver esto de forma simple e ingeniosa.

1) Primero es necesario que todo el *script* esté organizado en funciones.

2) En segundo lugar, es necesario que todas las funciones tengan su documentación correspondiente, definiendo qué es exactamente lo que hace la función:

```python
def leer_archivo():
    """Leer archivo CSV"""
    return "leer"


def escribir_archivo():
    """Escribir archivo CSV"""
    return "escribir"


def _sumar_numeros(lista).
    """Sumar los números de una lista"""
    return "privada"
```

3) A continuación, se define una lista con el nombre de todas las funciones que serán accesibles por el usuario, desde el menú:

```python
funciones = ['leer_archivo', 'escribir_archivo']
```

El truco consistirá en automatizar tanto la generación del menú, como la llamada a la función.

Para **automatizar la generación del menú**, el truco consiste en valerse de:

- La lista del paso 3

- La función locals()

- El atributo __doc__

```
numero = 1  # se usará luego para acceder a la función
menu = "Elija una opción:\n"

for funcion in funciones:
    menu += "\t{}. {}\n".format(
        numero, locals()[funcion].__doc__)
    numero += 1  # incrementa el número en cada iteración


print(menu)
opcion = int(input("Su opción: "))
```

Finalmente, para **acceder dinámicamente a la función** elegida por el usuario, el truco consistirá en emplear la opción elegida por el usuario, como índice para acceder al nombre de la función desde la lista, y recurrir nuevamente a *locals* para invocar a la función:

```
funcion = funciones[opcion - 1]
# se obtiene el nombre de la función

locals()[funcion]()
# se invoca a la función mediante locals()
```

Creación de un menú de opciones con argparse

En el *scripting*, puede resultar útil, dar al usuario un menú de opciones y hacer que el script, actúe según la opción elegida por el usuario. En el apartado anterior se muestra un truco para resolver un menú de forma simple e ingeniosa. Aquí se verá cómo analizar argumentos, pasado al script, por línea de comendos, mediante el módulo **argparse**.

Paso 1: Importación del módulo

Se debe importar la clase ArgumentParser del módulo argparse:

```
from argparse import ArgumentParser
```

Paso 2: Construcción de un objeto ArgumentParser

Se construye un objeto `ArgumentParser` a fin de establecer cuáles serán los argumentos que el programa recibirá.

Los parámetros aceptados por el método constructor del objeto `ArgumentParser` (función `__init__`) son todos opcionales. Entre otros, admite los siguientes parámetros:

- **prog:** el nombre del programa (por defecto, toma el nombre del ejecutable)

- **description:** descripción del programa que se mostrará en la ayuda

- **epilog:** texto que se mostrará al final de la ayuda

```
#!/usr/bin/env python
from argparse import ArgumentParser

argp = ArgumentParser(
    description='Descripción breve del programa',
    epilog='Copyright 2018 Autor bajo licencia GPL v3.0'
)
```

Paso 3: Agregado de argumentos y configuración

Para agregar un argumento puede emplearse el método `add_argument`.

Existen dos tipos de argumentos que pueden declararse:

- <u>Argumentos posicionales</u>: por defecto, todos aquellos que sean declarados con un nombre en vez de emplear una bandera

- <u>Opciones (banderas / *flags*)</u>: todos aquellos que empleen el prefijo de opción -

De esta forma, un argumento definido como 'foo' será posicional, mientras que si se lo define como '-f' o '--foo', será una opción:

```
argp.add_argument('foo')      # argumento posicional
argp.add_argument('--foo')    # opción foo
argp.add_argument('-f')       # opción f
```

add_argumento puede recibir, por lo tanto, solo un nombre de argumento posicional, o una lista de banderas de opción (flags). En el siguiente ejemplo, si se ejecutara el programa sin pasar ningún argumento, el fallo se produciría por la ausencia del argumento posicional «directorio», pero no, por la ausencia de las opción -f o --foo.

```
# Solo un nombre posicional
argp.add_argument('directorio')

# Una lista de banderas de opción
argp.add_argument('-f', '--foo')
```

Configuración de argumentos

El método *add_argument*, además del nombre del argumento posicional u opción, puede recibir de forma no obligatoria, algunos parámetros que establecen la forma en la que el nombre de argumento o bandera de opción, será tratado. Todos estos parámetros opcionales, se definen en la tabla de la siguiente página.

Parámetro	Descripción	Valores posibles*	Valor por defecto
action	Acción a realizar con el parámetro	**store**: almacenar el valor **append**: agregarlo a una lista	store
nargs	Cantidad de valores admitidos	**?** : cero o uno ***** : cero o más **+** : uno o más valor entero	1
default	Valor por defecto para el argumento	cualquier valor es admisible	
type	Tipo de datos	cualquier tipo soportado por Python	None
choices	Lista de valores posibles	Una lista	None
required	Indica si el argumento es obligatorio	True o False	False
help	Texto de ayuda a mostrar para el argumento	Una string	None
metavar	El nombre del argumento que se empleará en la ayuda	Una string	el nombre del argumento o flag
dest	Nombre de la variable en la que será almacenado el argumento	Una string	El nombre del argumento o bandera

(*) Para una lista completa, remitirse a la documentación oficial o al artículo **«Shell Scripting: Análisis de argumentos por línea de comandos»** en la siguiente URL:

http://fileserver.laeci.org/Art%c3%adculos%20t%c3%a9cnicos/Python/ArgParse.pdf

```
argp.add_argument(
    'vocal',  # Argumento posicional
    nargs='+',  # Admite uno o más valores
    choices=['a', 'e', 'o'],  # Valores posibles
    metavar='VOCAL',  # Nombre de la variable a mostrar en la ayuda
    help='Vocal abierta',  # Texto a mostrar como ayuda
)
```

Siguiendo el ejemplo anterior, si el programa se ejecutara sin argumentos:

```
usuario@host:~$ ./ejemplo.py
```

daría el siguiente error:

```
usage: ejemplo [-h] VOCAL [VOCAL ...]
curl: ejemplo: the following arguments are required: VOCAL
```

Y si se ejecutase con la bandera de opción -h:

```
usuario@host:~$ ./ejemplo.py -h
```

arrojaría la siguiente ayuda:

```
usage: ejemplo [-h] VOCAL [VOCAL ...]

Descripción del programa

positional arguments:
  VOCAL                 Vocal abierta

optional arguments:
  -h, --help      show this help message and exit
```

Paso 4: Generación del análisis (parsing) de argumentos

```
argumentos = argp.parse_args()
```

El método **parse_args** es el encargado de generar un objeto cuyas propiedades serán los argumentos recibidos por línea de comandos. A cada argumento se accederá mediante la sintaxis:

```
objeto_generado.nombre_del_argumento
```

Por ejemplo:

```
argumentos.foo
```

Para comprender mejor el funcionamiento de *argparse*, se propone el siguiente ejemplo, el cual, se recomienda replicar a modo de ejercicio y ejecutarlo repetidas veces con modificaciones.

El siguiente ejemplo, se trata de un menú basado en el programa `curl`. Ejecutar `man curl` si se desea poner en contexto el ejemplo.

A modo de ejercicio, se recomienda intentar imprimir los valores obtenidos mediante `argumentos.parametro`.

```python
#!/usr/bin/env python
# -*- coding: utf-8 -*-

from argparse import ArgumentParser

descripcion_del_programa = "{}, {}".format(
    "Herramienta para transferir datos desde o hacia un servidor",
    "utilizando uno de los protocolos compatibles"
)

argp = ArgumentParser(
    prog='curl',
    description=descripcion_del_programa,
)

argp.add_argument(
    '-H', '--header',     # Banderas
    action='append',      # Lista de valores
    nargs='+',            # Admite uno o más valores
    type=str,             # Convertir los valores a string
    metavar='LINE',       # Nombre de opción a mostrar en la ayuda
    help='Cabecera adicional a incluir en la solicitud HTTP a enviar'
)

argp.add_argument(
    '-d', '--data',
    action='append',
    nargs='+',
    type=str,
    help='envía los datos especificados en una solicitud post, al servidor
http'
)

argp.add_argument(
```

```
    'url',
    type=str,
    metavar='URL',
    help='URL a la cual realizar la solicitud.'
)

argumentos = argp.parse_args()
```

Observaciones:

Recordar que la especificación de la codificación de caracteres UTF-8, si bien en Python 3 no es necesaria ya que se interpreta por defecto, se utiliza a fin de hacerlo compatible con Python 2, y frente a ciertos tipos de objetos y bibliotecas.

15. Generación de registros de sistema

Si se necesita que un programa o script del sistema guarde un registro, puede emplearse el módulo `logging`.

El módulo `logging` provee cinco niveles de registros, los cuales se describen en la siguiente tabla:

NIVEL		Utilizado generalmente cuando se desea...
DEBUG	10	**monitorizar el funcionamiento de un programa** permitiendo depurar un programa durante su ejecución normal, a fin de obtener la información deseada para efectuar un diagnóstico determinado.
INFO	20	**registrar eventos afirmativos** es decir, mantener un registro detallado, de ciertas acciones ejecutadas en la aplicación, de forma satisfactoria.
WARNING	30	**emitir una alerta sobre un evento determinado** permitiendo grabar en el archivo de registros, información que, sin representar un error o momento crítico de fallo, podría ser indicativa de un posible fallo, error, o acción no deseada. Generalmente útil en advertencias de seguridad.

NIVEL		Utilizado generalmente cuando se desea...
WARNING	30	emitir una alerta sobre un evento determinado permitiendo grabar en el archivo de registros, información que, sin representar un error o momento crítico de fallo, podría ser indicativa de un posible fallo, error, o acción no deseada. Generalmente útil en advertencias de seguridad.
ERROR	40	registrar un error cuando el programa no logra llevar a cabo una acción esperada
CRITICAL	50	registrar un error que frene la ejecución normal del programa. Suele emplearse cuando errores fatales son capturados, y la ejecución normal del programa se ve impedida.

El **nivel por defecto** es WARNING, por lo que si se desea grabar (o mostrar) registros de niveles inferiores como INFO o DEBUG, deberá modificarse el nivel de registro por defecto.

Los registros pueden mostrarse en pantalla o grabarse en un archivo, tal y como se hará en lo sucesivo.

Principales elementos del módulo logging

Constantes: representan los distintos niveles de registro. Estas son:

INFO, DEBUG, WARNING, ERROR, CRITICAL

Clase basicConfig: utilizada para inicializar un registro, configurar el nivel de registro por defecto, y opcionalmente, establecer la ruta del archivo de registro y el modo de escritura.

```
from logging import basicConfig, INFO
basicConfig(
    filename='/var/log/programa.log',
    filemode='a',
    level=INFO
)
```

Los parámetros compartidos en ambas ramas del lenguaje, para `basicConfig` con los siguientes:

- **filename:** ruta del archivo
- **filemode:** modo de apertura (comúnmente 'a' [append, valor por defecto] o 'w' [escritura])
- **format:** establece el formato en el que se generarán los registros
- **datefmt:** formato de fecha y hora que se utilizará en los registros
- **level:** nivel de registro (cualquiera de las 5 constantes)
- **stream** (esta opción no será abarcada en el curso)

Algunas de las variables admitidas como parte del valor del parámetro `format`, son las siguientes:

```
asctime            %(asctime)s
created            %(created)f
filename           %(filename)s
funcName           %(funcName)s
levelname          %(levelname)s
levelno            %(levelno)s
lineno             %(lineno)d
module             %(module)s
msecs              %(msecs)d
message            %(message)s
name               %(name)s
pathname           %(pathname)s
process            %(process)d
processName        %(processName)s
relativeCreated    %(relativeCreated)d
thread             %(thread)d
threadName         %(threadName)s
```

Para una descripción detallada, ver la sección «LogRecords Attributes» en la documentación oficial de Python[3].

---

3   https://docs.python.org/3/library/logging.html#logrecord-attributes

Ambas ramas conservan las mismas variables.

```
'[%(asctime)s] [%(levelname)s] [pid %(process)d] MYAPP
MyErrorLevel Alert: %(message)s'
```

El ejemplo anterior, producirá un registro similar al siguiente:

```
[2018-04-20 00:34:42,803] [WARNING] [pid 12318] MYAPP
MyErrorLevel Alert: Posible violación de seguridad
```

Para establecer el formato que tendrá la fecha, mediante el parámetro **datefmt** se pueden emplear las siguientes directivas:

DIRECTIVA	SIGNIFICADO
%A	Nombre del día de la semana
%b	Abreviatura del nombre del mes
%B	Nombre del mes completo
%d	Número del día del mes [01,31]
%H	Hora en formato de 24 horas [00,23]
%I	Hora en formato de 12 horas [00,12]
%m	Número del mes [01,12].
%M	Minutos [00,59].
%p	AM / PM.
%S	Segundos [00,59].
%w	Número del día de la semana [0,6]
%y	Año en formato YY [00,99]
%Y	Año
%Z	Zona horaria

1. Tabla obtenida de la documentación oficial de Python:

https://docs.python.org/3.6/library/time.html#time.strftime

Funciones de registro: utilizadas para mostrar o grabar los diferentes mensajes de registro. Estas son:

```
info(), debug(), warning(), error(), critical()
```

A estas funciones, se le debe pasar como parámetro, el mensaje que se desea almacenar en el registro:

```
funcion("mensaje a grabar")
```

También es posible emplear variables como parte del mensaje, utilizando modificadores formato en la cadena, y pasando las variables como argumentos:

```
funcion("Mensaje %s %i", variable_string, variable_entero)
```

Replicando el siguiente código y ejecutándolo repetidas veces con modificaciones, tanto de configuración, como de niveles de registro y mensajes, permitirá un mejor entendimiento de la biblioteca y sus posibilidades de implementación.

```python
#!/usr/bin/env python
# -*- coding: utf-8 -*-

from logging import basicConfig, error, info, INFO
from sys import argv

basicConfig(
    filename='ejemplo_logging.log',
    filemode='a',
    level=INFO,
    format='[%(asctime)s] [%(levelname)s] [pid %(process)d] %(message)s',
    datefmt="%d/%m/%Y %H:%M"
)

try:
    with open(argv[1], "a") as f:
        f.write(argv[2])

    info("Agregado el texto %s al archivo %s", argv[2], argv[1])
except:
    error("Se produjo un error al escribir en el archivo %s", argv[1])
```

```
try:
    with open("/var/log/foo.log", "a") as f:
        f.write("Mensaje de prueba")
except (Exception) as problema:
    error(problema)
```

Obtención de argumentos por línea de comandos con argv

`argv`, una lista del módulo `system`, almacena los argumentos pasados al script por línea de comandos, siendo la ruta del archivo o nombre del ejecutable, el primer elemento de la lista.

Captura básica de excepciones con try y except

La estructura `try` / `except` permite capturar excepciones que de otro modo provocarían la finalización abrupta del script, cuando una excepción es lanzada.

Cuando una instrucción o algoritmo tiene la posibilidad de fallar (normalmente, cuando depende de valores obtenidos al vuelo), puede colarse el código, dentro de la estructura `try`, y utilizar `excep` para ejecutar una acción en caso de que el intento de ejecución de código del `try`, falle. Su sintaxis podría interpretarse como la siguiente:

```
intentar:
    ejecutar esto
si falla:
    hacer esto otro
```

Pasado a lenguaje Python:

```
try:
    # instrucción que puede fallar
except:
    # instrucción a ejecutar en caso de que el try, falle
```

El tipo de excepción lanzada, también es posible capturarlo:

```
try:
    # instrucción que puede fallar
except (TipoDeExcepción1):
    # instrucción a ejecutar en caso de que se produzca
    # una excepción de tipo TipoDeExcepcion1
except (TipoDeExcepción2):
    # instrucción a ejecutar en caso de que se produzca
    # una excepción de tipo TipoDeExcepcion2
```

También es admisible capturar más de un tipo de excepción de forma simultánea:

```
try:
    # instrucción que puede fallar
except (TipoDeExcepción1, TipoDeExcepción2):
    # instrucción a ejecutar en caso de que se produzca
    # una excepción de tipo TipoDeExcepcion1 o
    # TipoDeExcepcion2
```

E incluso, puedo capturarse una descripción del error, aunque no se conozca el tipo de excepción:

```
try:
    # instrucción que puede fallar
except (Exception) as descripcion_del_problema:
    # instrucción a ejecutar en caso de que se produzca
    # una excepción de tipo TipoDeExcepcion1 o
    # TipoDeExcepcion2
```

Los diferentes **tipos de excepciones**, pueden estudiarse en la documentación oficial de Python 2[4] y de Python 3[5]. No obstante, debe tenerse en cuenta que los tipos de excepciones difieren en ambas ramas del lenguaje. Estos aspectos son tratados en cursos de nivel avanzado. **Para un nivel inicial, se recomienda trabajar solo con except.**

---

4   https://docs.python.org/2/library/exceptions.html
5   https://docs.python.org/3.7/library/exceptions.html

16. Módulos del sistema (os, sys y subprocess)

Los módulos `os` y `subprocess` permiten manejar **funcionalidades del sistema operativo**, y **procesos del sistema**, respectivamente, mientras que el módulo `sys`, provee acceso a **variables del intérprete** del lenguaje.

A diferencia de `shutil`, un módulo de Python que permite manejar archivos a alto nivel, el módulo `os` provee funciones que operan a bajo nivel. Por este motivo, no se abarca el módulo `shutil`, sino, `os`.

El módulo OS

Este módulo permite operar a bajo nivel con funcionalidades del sistema operativo. Algunas de ellas, se listan en la tabla de la siguiente página.

Acción	Comando GNU/Linux	Método
ACCESO A ARCHIVOS Y DIRECTORIOS		
Obtener directorio actual	pwd	`getcwd()`
Cambiar el directorio de trabajo	cd ruta	`chdir(path)`
Mover el directorio de trabajo a la raíz	cd	`chroot()`
Modificar permisos	chmod	`chmod(path, permisos)`
Cambiar el propietario de un archivo o directorio	chown	`chown(path, permisos)`
Crear un directorio	mkdir	`mkdir(path[, modo])`
Crear directorios recursivamente	mkdir -p	`mkdirs(path[, modo])`

Acción	Comando GNU/Linux	Método
ACCESO A ARCHIVOS Y DIRECTORIOS		
Eliminar un archivo	`rm`	**remove**(`path`)
Eliminar un directorio	`rmdir`	**rmdir**(`path`)
Renombrar un archivo	`mv`	**rename**(`actual, nuevo`)
Crear un enlace simbólico	`ln -s`	**symlink**(`origen, destino`)
Establecer máscara de creación de ficheros	`umask`	**umask**(`máscara`)
Obtener listado de archivos y directorios	`ls -a`	**listdir**(`path`)
Obtener el estado de un fichero	`stat`	**stat**(`path`)
EVALUACIÓN DE ARCHIVOS Y DIRECTORIOS (Módulo `os.path`)		
Obtener ruta absoluta	-	`path.`**abspath**(`path`)
Obtener directorio base	-	`path.`**basename**(`path`)
Saber si un directorio existe	-	`path.`**exists**(`path`)
Conocer último acceso a un directorio	-	`path.`**getatime**(`path`)
Conocer tamaño del directorio	-	`path.`**getsize**(`path`)
Saber si una ruta es:	-	
absoluta	-	`path.`**isabs**(`path`)
un archivo	-	`path.`**isfile**(`path`)
un directorio	-	`path.`**isdir**(`path`)
un enlace simbólico	-	`path.`**islink**(`path`)
un punto de montaje	-	`path.`**ismount**(`path`)
FUNCIONALIDADES DEL SISTEMA OPERATIVO		
Obtener el valor de una variable de entorno	`$VARIABLE`	**getenv**(`variable`)

Acción	Comando GNU/Linux	Método
FUNCIONALIDADES DEL SISTEMA OPERATIVO		
Obtener los datos del sistema operativo	`uname -a`	**`uname()`**
Obtener UID	`id -u`	**`getuid()`**
Obtener ID del proceso	`pgrep`	**`getpid()`**
Crear variable de entorno (del sistema)	`export $VARIABLE`	**`putenv`**`(variable, valor)`
Forzar la escritura del caché al disco	`sync`	**`sync()`**
Matar un proceso	`kill`	**`kill`**`(pid, señal)`

Para una definición completa y detallada, referirse a la documentación oficial del lenguaje: https://docs.python.org/[2|3]/library/os.html

Variables de entorno: os.environ

`environ` es un diccionario del módulo `os` que provee variables de entorno. Esto significa que las variables disponibles en `environ` (como claves del diccionario), varían de acuerdo al entorno en el que se esté ejecutando el programa o script. Por ejemplo, no serán las mismas variables si se ejecuta un script en la *shell*, que si se llama a `environ` desde una aplicación Web. Mientras que en el primer caso, las variables disponibles serán las de la *shell* de GNU Bash, en el segundo (y suponiendo que el servidor sea Apache), las de Apache.

Para ver las variables disponibles en la *shell*, ejecutar en ambas versiones del lenguaje:

```
from os import environ
```

```
for variable, valor in environ.items():
    variable, valor
```

Ejecución simplificada de comandos del sistema

Si se requiere ejecutar comandos del sistema sin necesidad de hacer un manejo de la entrada y salida (E/S) estándar, o de los errores, la opción simplificada es la función **system** del módulo **os**, la cual efectúa una llamada directa a la función *system* de C. Esto significa que el comando (cadena de texto a ser ejecutada) que sea pasado a la función *system*, será lanzado directamente sobre el sistema operativo.

```
from os import system

command = "curl http://una-api.tld/delete -d 'id=15'"
system(command)
```

Esta función resulta útil y óptima —en cuanto a consumo de recursos— la mayoría de las veces. Sin embargo, el uso de **Popen** y **shlex.split** (como se verá adelante) ofrecen opciones de manejo para la E/S estándar y los errores, que en algunos casos podría resultar más viable que **system**.

Cuando con **system** se requiera obtener la salida estándar o los errores de los comandos ejecutados, será necesario implementar la redirección de salida y/o error del propio sistema:

```
command = "curl http://una-api.tld/delete -d 'id=15' > salida"
system(command)
```

En este caso, la única forma de acceder a la salida almacenada será leerla como a cualquier archivo:

```
with open('salida', 'r') as f:
    salida = f.read()
```

Ejecución de comandos del sistema mediante Popen y shlex.split

A través de la clase **Popen** del módulo **subprocess**, es posible ejecutar comandos directamente sobre el sistema operativo, y manipular tanto la E/S estándar como los errores. La función **split** del módulo **shlex**, puede emplearse como complemento de **Popen**, para el *parsing* de cadenas de texto como lista de comandos y argumentos.

La clase **Popen** (*Process open - proceso abierto*), abre un nuevo proceso en el sistema, permitiendo emplear tuberías para manejar la E/S estándar y los errores:

```
from subprocess import Popen, PIPE
proceso = Popen(<comando/argumentos>, stdout=PIPE, stderr=PIPE)
```

La captura y manejo de la E/S estándar y los errores, se trata más adelante.

El primer argumento pasado a Popen, debe ser una lista. Dicha lista, deberá contener cada uno de los comandos, listas de opciones (banderas) y cada uno de los argumentos, como un elemento. Esto significa que para ejecutar el comando:

```
ls -la /home/usuario/Documentos
```

los elementos serán 3 ya que existe:

- 1 argumento (ls)

- 1 lista de opciones (-la)

- 1 argumento

Total: 3 elementos

```
lista = ['ls', '-la', '/home/usuario/Documentos']
proceso = Popen(lista)
```

Sin embargo, la instrucción completa podría escribirse en una cadena de texto, y emplear la función split del módulo shlex, para generar la lista necesaria para Popen:

```
from shlex import split
from subprocess import Popen

comando = 'ls -la /home/usuario/Documentos'
proceso = Popen(split(comando))
```

Capturar la salida estándar y los errores

Para capturar la salida estándar y los errores, puede emplearse una tubería:

```
from shlex import split
from subprocess import Popen, PIPE

comando = 'ls -la /home/usuario/Documentos'
proceso = Popen(split(comando), stdout=PIPE, stderr=PIPE)
salida = proceso.stdout.read()
errores = proceso.stderr.read()

if not errores:
    acción a realizar si no hubo errores
else:
    acción a realizar si hubo errores
```

El siguiente es un ejemplo del código anterior, ejecutado en la *shell* de Python y con errores:

```
>>> from shlex import split
>>> from subprocess import Popen, PIPE
>>>
>>> comando = 'ls -la /home/usuario/Documentos'
>>> proceso = Popen(split(comando), stdout=PIPE, stderr=PIPE)
```

```
>>> salida = proceso.stdout.read()
>>> errores = proceso.stderr.read()
>>> errores
"ls: no se puede acceder a '/home/usuario/Documentos': No existe
el fichero o el directorio\n"
>>> salida
''
```

Y a continuación, el mismo ejemplo pero con una ruta accesible:

```
>>> comando = 'ls -la /home/eugenia/borrador/python'
>>> proceso = Popen(split(comando), stdout=PIPE, stderr=PIPE)
>>> salida = proceso.stdout.read()
>>> errores = proceso.stderr.read()
>>> errores
''
>>> salida
'total 20\ndrwxr-xr-x  3 eugenia eugenia  4096 nov 16 21:17 .\
ndrwxr-xr-x 43 eugenia eugenia 12288 nov 16 20:03 ..\ndrwxr-xr-x
5 eugenia eugenia  4096 nov 16 20:06 a\n'
```

Emplear la salida de un comando como entrada de otro

En la línea de comandos, se emplea la salida de un comando como entrada de otro, al utilizar el símbolo | (pipe). El siguiente es ejemplo de ello:

```
ls -la /home/eugenia/borrador/python | grep '20:06'
```

En el ejemplo anterior, se utiliza la salida del comando *ls* como entrada del comando *grep*.

Al emplear Popen, la salida de un comando se encuentra disponible en:

```
proceso_creado.stdout
```

Esta salida, puede utilizarse como valor del argumento stdin del segundo proceso creado con Popen:

```
from shlex import split
```

```
from subprocess import Popen, PIPE

# Comandos necesarios
ls_command = "ls -la /home/eugenia/borrador/python"
grep_command = "grep '20:06'"

# Procesos
ls_process = Popen(
    split(ls_command), stdout=PIPE, stderr=PIPE)

grep_process = Popen(
    split(grep_command),
    stdin=ls_process.stdout,
    # Salida del proceso anterior como entrada
    stdout=PIPE,
    stderr=PIPE
)
```

A continuación, la ejecución del *script* anterior, y la salida del *stdout*, en la *shell* de Python:

```
>>> from shlex import split
>>> from subprocess import Popen, PIPE
>>> ls_command = "ls -la /home/eugenia/borrador/python"
>>> grep_command = "grep '20:06'"
>>> ls_process = Popen(split(ls_command), stdout=PIPE,
stderr=PIPE)
>>> grep_process = Popen(
...     split(grep_command),
...     stdin=ls_process.stdout,
...     stdout=PIPE,
...     stderr=PIPE
... )
>>>
>>> grep_process.stdout.read()
'drwxr-xr-x  5 eugenia eugenia  4096 nov 16 20:06 a\n'
```

Variables y funciones del módulo sys

Algunas de las variables disponibles en este módulo, se describen en la tabla de la siguiente página.

Variable	Descripción

sys.argv	Retorna una lista con todos los argumentos pasados por línea de comandos, incluyendo como primero elemento, el del archivo ejecutado.
	
	Al ejecutar:
	`python modulo.py arg1 arg2`
	
	`sys.arg` retornará una lista:
	`['modulo.py', 'arg1', 'arg2']`

sys.executable	Retorna el path absoluto del binario ejecutable del intérprete de Python
sys.path	Retorna una lista con las rutas empleadas por el intérprete para buscar los archivos
sys.platform	Retorna la plataforma sobre la cuál se está ejecutando el intérprete
sys.version	Retorna el número de versión de Python con información adicional

Entre las funciones del módulo, **exit()** se emplea para finalizar un programa o *script* de forma abrupta:

```
from shlex import split
from subprocess import Popen, PIPE

ls = "ls -la /home/no-existe"
grep - "grcp '20:06'"

ps_ls = Popen(split(ls), stdout=PIPE, stderr=PIPE)

if ps_ls.stderr.read():
    exit("Terminación abrupta tras error en comando ls")

ps_grep = Popen(
    split(grep),
    stdin=ps_ls.stdout,
    stdout=PIPE,
    stderr=PIPE
)
```

El resultado de la ejecución anterior en una shell:

```
>>> from shlex import split
>>> from subprocess import Popen, PIPE
>>>
>>> ls = "ls -la /home/no-existe"
>>> grep = "grep '20:06'"
>>>
>>> ps_ls = Popen(split(ls), stdout=PIPE, stderr=PIPE)
>>>
>>> if ps_ls.stderr.read():
...     exit("Terminación abrupta tras error en ls")
...
Terminación abrupta tras error en ls
eugenia@bella:~/borrador/python$
```

Se debe notar que:

1. El mensaje pasado a la función *exit()* es opcional.

2. La función *exit()* puede recibir un entero representativo del motivo de salida (cero es el valor por defecto, e indica una salida normal)

3. La función *exit()* del módulo sys tiene un propósito similar a la constante incorporada *exit*, sin embargo, ambos elementos responden de manera no exactamente idénticas:

```
eugenia@bella:~/borrador/python$ python
...
Type "help", "copyright", "credits" or
"license" for more information.
>>> print exit  # constante inforporada
Use exit() or Ctrl-D (i.e. EOF) to exit
>>> import sys
>>> print sys.exit
<built-in function exit>
>>> print sys.exit()
eugenia@bella:~/borrador/python$
```

17. Conexiones remotas (HTTP, FTP y SSH)

Python provee dos bibliotecas, `http` y `ftplib`, para efectuar conexiones mediante los protocolos HTTP/HTTPS y FTP, respectivamente. Sin embargo, para realizar conexiones mediante el protocolo SSH, se empleará la biblioteca **Paramiko**[6], creada por Robey Pointer[7].

Conexiones remotas vía HTTP y HTTPS

Pueden efectuarse con el módulo `client` de la biblioteca http de Python.

Para crear la **conexión** se utilizan las clases `HTTPConnection` y `HTTPSConnection`:

```
from http.client import HTTPConnection
http = HTTPConnection('host.com', port=80, timeout=10)
```

El número de puerto y el tiempo de espera, son dos parámetros opcionales, y son admitidos, junto al parámetro posicional `host`, por ambas clases.

Las **solicitudes** se realizan mediante el método `request` que requiere de dos parámetros posicionales:

1. El método HTTP

2. El recurso HTTP

---

6   http://www.paramiko.org
7   https://robey.lag.net/

```
http.request("GET", "/foo/bar")
```

Adicionalmente, admite otros parámetros como **headers** (un diccionario con campos de cabecera) y **body** (una cadena de texto), útiles sobre todo, para peticiones que requieren el envío de información, como por ejemplo, **envío de datos por POST**:

```
parametros = "nombre=Juan&apellido=Perez"
cabeceras = {
    "Content-Type": "application/x-www-form-urlencoded"
}
http.request(
    "POST", "/foo/bar",
    headers=cabeceras, body=parametros
)
```

La **respuesta** recibida, se obtiene mediante el método `getresponse`, que retorna un objeto **HTTPResponse**, el cual, entre sus propiedades, posee **status** (el código de respuesta HTTP) y **reason** (la descripción de la respuesta), y entre sus métodos, **read**, que retorna el cuerpo de la respuesta:

```
respuesta = http.getresponse()
codigo = respuesta.status
descripcion = respuesta.reason
body = respuesta.read()
```

El **cierre** de una conexión HTTP, se efectúa mediante el método **close**:

```
http.close()
```

El siguiente ejemplo, realiza una petición POST a un *host* local que como respuesta, imprime el mensaje «Gracias <nombres>!»:

```
>>> from http.client import HTTPConnection
>>> http = HTTPConnection('juanproyecto.local', port=80,
timeout=30)
>>> parametros = "nombre=Juan&apellido=Perez"
```

```
>>> cabeceras = {"Content-Type": "application/x-www-form-
urlencoded"}
>>> http.request("POST", "/foo/bar", headers=cabeceras,
body=parametros)
>>> respuesta = http.getresponse()
>>> codigo = respuesta.status
>>> descripcion = respuesta.reason
>>> body = respuesta.read()
>>> body
'Gracias Juan'
>>> codigo
200
>>> descripcion
'OK'
```

Conexiones remotas vía FTP

La biblioteca **ftplib** permite conexiones a través del protocolo FTP.

Para **crear una instancia FTP**, dispone de las clases **FTP** y **FTP_TLS**, la segunda, con soporte del protocolo **TLS** (evolución de SSL). Si bien estas clases, como parámetros opcionales, el host, el usuario y la clave (entre otros), a fin de obtener un mejor control sobre las operaciones, estos datos serán enviado mediante los métodos **connect** y **login**, que serán abarcados adelante.

```
from ftplib import FTP
ftp = FTP()
```

Para **abrir la conexión** se emplea el método **connect**, que como parámetros admite, entre otros, el host y el puerto:

```
ftp.connect('algunhost.com', 21)
```

De ser necesario establecer el **modo pasivo**, se dispone del método set_pasv:

```
ftp.set_pasv(True)
```

La **autenticación** se realiza mediante el método `login`, quien recibe por parámetros, usuario y contraseña, respectivamente:

```
ftp.login('algunusuario', 'clave')
```

Para **cerrar** una conexión puede utilizarse el método `quit`. Esto cierra la conexión de ambos lados siempre que el servidor lo soporte y no retorne un error. En caso de que así sea, se llamará al método `close`, el cual cierra la conexión unilateralmente.

```
ftp.quit()
```

Otros **métodos** disponibles se citan a continuación:

Acción	Método
Directorios	
Listar directorios	`dir()` `dir('ruta/a/listar')`
Crear un directorio	`mkd('ruta/a/nuevo-dir')`
Moverse a un directorio	`cwd('ruta/a/algun-dir')`
Eliminar un directorio	`rmd('ruta/a/dir-a-borrar')`
Obtener directorio actual	`pwd()`
Archivos	

Recuperar un archivo remoto	`retrbinary(`
	`    'RETR origen',`
	`    open('/ruta/destino', 'w').write)`

Enviar un archivo local	`storbinary(`
	`    'STOR destino/remoto.txt',`
	`    open('/origen/local.txt', 'r'))`

Eliminar un archivo	`delete('archivo/a/eliminar')`
Renombrar (mover) un archivo	`rename('origen', 'destino')`

Cuando los modos «w» y «r» aparecen en negritas, significa que para archivos binarios debe agregarse «b» al modo.

Solicitando la contraseña con getpass

La biblioteca **getpass** permite solicitar mediante un input, una contraseña al estilo GNU/Linux, para evitar tener que trabajar con la contraseña en crudo en el código fuente:

```
from getpass import getpass
clave = getpass('Ingresar clave: ')
```

La función **getpass** puede utilizarse en forma conjunta con el método login, y así se evita escribir la clave en crudo dentro del código fuente:

```
from ftplib import FTP
from getpass import getpass

ftp = FTP()
ftp.connect('algunhost.com', 21)
ftp.login('algunusuario', getpass('Clave FTP: '))
```

Conexiones SSH con Paramiko

La biblioteca **paramiko** debe instalarse de forma adicional, ya que no forma parte de las bibliotecas de Python, ni está mantenida por Python. Se trata de una biblioteca de terceros, que puede instalarse a través de PyPI (el gestor de paquetes de Python). En Debian 9, también es posible instalarla desde apt (tanto para Python 2 como 3). Sin embargo, se instalará mediante PyPI, ya que es la opción recomendada por el fabricante[8].

Requisitos previos

Para poder instalar un paquete desde **PyPI**, se necesita la herramienta **pip** de Python. En Debian 9, el gestor de paquetes de Python se instala mediante *apt*:

---

8   http://www.paramiko.org/installing.html

```
apt install python-pip     # para Python 2, y
apt install python3-pip   # para Python 3
```

Una vez instalado el gestor de paquetes de Python, las instalaciones para Python 2 y para Python 3, se manejarán de forma independiente, por lo cual, habrá que instalar **Paramiko** en ambas versiones. Esto se hará como **root**:

```
pip install paramiko     # para Python 2
pip3 install paramiko   # Para Python 3
```

Uso de Paramiko

Una conexión SSH se inicializa con la **creación de un objeto** SSHClient:

```
from paramiko import SSHClient, AutoAddPolicy

ssh = SSHClient()
```

Al igual que con la biblioteca FTP, tanto la conexión como la autenticación, se realizarán de forma separada (y no al construir el objeto), a fin de tener un mayor control sobre las mismas.

Para la **autenticación mediante llave** pública (en vez de uso de contraseñas), se empleará set_missing_host_key_policy, a fin de localizar las llaves y facilitar el intercambio de las mismas:

```
ssh.set_missing_host_key_policy(AutoAddPolicy())
```

Normalmente, el uso de este método no debería ser necesario, y bastaría con emplear **load_system_host_keys**:

```
ssh.load_system_host_keys()
```

Sin embargo, utilizar set_missing... resuelve el problema anticipadamente, evitando algoritmos complejos para captura y tratamiento de errores.

La **conexión** al servidor se hará mediante el método **connect**, quien recibe como parámetros, entre otros, el host o IP del servidor, el puerto de conexión y el nombre de usuario:

```
ssh.connect('123.45.67.89', 22, 'usuario')
```

Cuando se requiera **autenticación por contraseña**, como cuarto parámetro del método **connect**, puede pasarse la clave:

```
ssh.connect('123.45.67.89', 22, 'usuario', 'clave')
```

La **ejecución de comandos** en el servidor, se realiza mediante el método **exec_command** a quien se le debe pasar una cadena con la instrucción que se desea ejecutar. Este método retorna tres objetos, de E/S estándar y errores:

```
entrada, salida, error = ssh.exec_command('ls -la')
```

Los objetos de salida y error, pueden ser leídos mediante el método **read**:

```
salida.read()
error.read()
```

Mientras que la entrada, puede ser escrita mediante write:

```
entrada.write('entrada que espera el comando\n')
salida.read()
```

Finalmente, para **cerrar** la conexión, se utiliza el método **close**:

```
ssh.close()
```

18. Bibliotecas para manejo avanzado de archivos en GNU/Linux

Compresión y descompresión de archivos con ltarfile y zipfile

La biblioteca `tarfile` puede utilizarse para leer, comprimir y descomprimir archivos `.tar, .tar.gz. tar.bz2` y `tar.xz`, mientras que la biblioteca `zipfile`, se utiliza para los archivos `.zip`

La biblioteca tarfile

Bien sea para leer un archivo comprimido, o bien para comprimir o descomprimir, un objeto `TarFile`, se crea mediante la función **open** del módulo.

A diferencia de una apertura estándar, los modos lectura y escritura, se acompañan del formato deseado, mediante la sintaxis **<modo>:<formato>**, donde **<modo>** puede ser **r** (lectura) o **w** (escritura), y **<formato>**, **gz** (*gzip*), **bz2** (*bzip2*) o, solo en Python 3, **xz** (*lzma*).

Modo de apertura	Comando tar
`[r|w]:gz`	`tar -[c|x]z`
`[r|w]:bz2`	`tar -[c|x]j`
`[r|w]:xz`	`tar -[c|x]J`

Modos de apertura y equivalencias con el comando tar. El formato lzma (xz) solo está disponible a partir de la rama 3 del lenguaje.

Descomprimir archivos

```
from tarfile import open as tar_open

with tar_open("origen.tar.bz2", "r:bz2") as tar:
    tar.extractall('carpeta/destino')
```

Comprimir archivos

```
from tarfile import open as tar_open

with tar_open("carpeta/destino.tar.gz", "w:gz") as tar:
    tar.add('foo.txt')
    tar.add('bar.txt')
    tar.add('baz.txt')
```

Observaciones generales sobre el código

Se utiliza un alias, para que el método **open** de la biblioteca **tarfile**, no sobrescriba la función incorporada **open**. Se emplea la estructura **with**, para no utilizar el método **close**.

Observaciones de seguridad

No deben descomprimirse archivos sin verificar el nombre de los mismos. Un nombre de archivo, podría contener una **/** o **..**, que provocarían que los archivos se almacenasen en un directorio no esperado.

Observaciones de compatibilidad entre versiones

El formato *lzma* solo está disponible en la rama 3 del lenguaje. Para que un *script* o herramienta sea compatible con ambas versiones, la única opción es utilizar los formatos *gzip* o *bzip2*.

La biblioteca zipfile

La extracción y compresión de archivos *zip* se realiza de la siguiente forma:

```
from zipfile import ZipFile

# Escritura de archivos zip
with ZipFile('carpeta/destino.zip', 'w') as z:
    z.write('foo.txt')
    z.write('bar.txt')
    z.write('baz.txt')

# Lectura de archivos zip
with ZipFile('carpeta/origen.zip', 'r') as z:
    z.extractall('carpeta/destino', pwd='clave')
    # el parámetro pwd (contraseña) es opcional
```

Para los archivos *zip*, aplican las mismas observaciones de seguridad que para los archivos *tar*.

Manejo de archivos temporales con la biblioteca tempfile

Cuando sea necesario que un *script*, guarde temporalmente archivos, no es una buena práctica que el mismo *script* los guarde y luego los elimine, ni que intente escribir directamente en el directorio `/tmp`. Para este caso, se debe emplear la biblioteca `tempfile`.

Lectoescritura de archivos temporales

Cuando se crean objetos de archivos temporales mediante la clase **TemporaryFile** del módulo `tempfile`, los mismos se crean y destruyen en tiempo de ejecución. La destrucción se lleva a cabo al cerrar el archivo. Esto implica que si se trabaja con la estructura **with**, al finalizar dicha estructura, el archivo se habrá eliminado.

```
from tempfile import TemporaryFile

with TemporaryFile() as tmp:
    # aquí el archivo existe

# Aquí el archivo ya no existe
```

Todo archivo temporal escrito, para ser escrito, requiere que el **contenido** se pase como un **objeto tipo bytes** (y no una cadena). Este requerimiento es exigencia de Python 3, sin embargo, en Python 2 está perfectamente soportado. Para que una cadena sea convertida a bytes, basta con especificar su tipo:

```python
from tempfile import TemporaryFile

with TemporaryFile() as tmp:
    tmp.write(b"Cadena de texto que será pasada a bytes")
```

Finalmente, se debe tener en cuenta que una vez escrito, el cursor estará al final del archivo, por lo que si se lo quiere leer, retornará una cadena nula. Por lo tanto, habrá que mover el cursor al byte 0 a fin de poder leerlo:

```python
from tempfile import TemporaryFile

with TemporaryFile() as tmp:
    tmp.write(b"Cadena de texto que será pasada a bytes")
    # … acciones intermedias
    tmp.seek(0)  # Se mueve el cursor al byte 0
    contenido = tmp.read()
```

Observaciones importantes: es necesario aclarar que los archivos temporales creados con `TemporaryFile`, no son archivos persistentes en memoria, sino en disco. De hecho, se almacenan en el directorio temporal del sistema, independientemente de la plataforma. Es posible conocer este directorio invocando a la función `gettempdir()`:

```python
from tempfile import TemporaryFile, gettempdir

with TemporaryFile() as tmp:
    tmp.write(b"Cadena de texto")
    tmp_dir = gettempdir()
```

Búsqueda de archivos con las bibliotecas glob y fnmatch

Estas bibliotecas permiten buscar archivos que coincidan con un patrón, con el mismo estilo empleado en sistemas *nix. Mientras que el módulo glob busca archivos que coincidan con un patrón, fnmatch verifica si un patrón coincide con el nombre de un archivo.

Símbolos interpretados

Símbolo	Significado
*	Cualquier coincidencia
?	Coincidencia con un único carácter
[secuencia]	Coincidencia con cualquier carácter de la secuencia
[!secuencia]	Coincidencia con cualquier carácter, excepto los de la secuencia

Uso de glob

```
>>> from glob import glob
>>> glob('*.txt')
['foo.txt', 'baz.txt', 'bar.txt']
>>> glob('*[!of].txt')
['baz.txt', 'bar.txt']
```

Uso de fnmatch con os.listdir

```
>>> from os import listdir
>>> from fnmatch import fnmatch
>>> for archivo in listdir('.'):
...     archivo, fnmatch(archivo, '*[!0-9].txt')
...

('3.r', False)
('foo.gif', False)
('.bar', False)
('carpeta', False)
('foo.txt', True)
('baz.txt', True)
```

```
('origen.tar.xz', False)
('.foo', False)
('2.r', False)
('bar.txt', True)
('.baz', False)
('origen.tar.bz2', False)
('a.r', False)
('1.r', False)
('origen.tar.gz', False)
```

19. Probabilidad y Estadística con Python

Funciones estadísticas básicas (len, sum, max, min)

Sobre listas y tuplas pueden efectuarse operaciones estadísticas simples empleando funciones incorporadas del lenguaje:

```
Contar elementos          len(coleccion)
Sumar elementos           sum(coleccion)
Obtener número mayor      max(coleccion)
Obtener numero menor      min(coleccion)
```

En lo sucesivo se abarcarán operaciones más complejas empleadas para la ciencia de datos.

Probabilidad de sucesos simples y compuestos mutuamente excluyentes

Espacio muestral

Un **espacio muestral** es un conjunto de sucesos posibles, como los que podrían resultar al lanzar un dado:

$$E = \{ 1,2,3,4,5,6 \}$$

```
espacio_muestral = [1, 2, 3, 4, 5, 6]
```

Se refiere como **punto muestral** a cada elemento en un espacio muestral. La cantidad de puntos muestrales se denota por n tal que para el espacio muestral $E = \{ 1,2,3,4,5,6 \}$, $n = 6$

```
n = len(espacio_muestral)
```

Sucesos simples y compuestos

Un **suceso**, es un conjunto de resultados dentro de un espacio muestral. Por ejemplo:

- el lanzamiento de un dado es un suceso
- la probabilidad de que en dicho lanzamiento salga el número 5, es un **suceso simple** $A = \{ 5 \}$ y es **excluyente**: si sale 5, no puede simultáneamente salir ningún otro número.
- la probabilidad de que en el lanzamiento salga un número impar, es el **suceso compuesto** $B = \{ 1,3,5 \}$ que dependerá a su vez de los sucesos simples excluyentes $B_1 = \{1\}$, $B_1 = \{3\}$ y $B_1 = \{5\}$.

Asignación de probabilidades

La asignación de probabilidades es aquella que provee modelos matemáticos para calcular las posibilidades de que sucesos específicos ocurran o no.

La probabilidad de un suceso se denota por $P(suceso)$.

Los sucesos pueden ser:

- simples o compuestos
- mutuamente excluyentes o independientes

Sucesos simples mutuamente excluyentes

Si se considera un espacio muestral A, cada uno de los puntos muestrales k, quedará denotado por A_k y la probabilidad de éstos, designada como $P(A_k)$, quedará determinada por:

$$P(A_k) = \frac{1}{n}$$

```
probabilidad = 1.0 / n
```

> En **Python**, se requiere que al menos un elemento de la ecuación sea un número real si lo que se requiere como resultado es un número real.

La probabilidad de cada punto muestral, como sucesos excluyentes entre sí, es la misma para cada suceso.

$$P(6) = P(5) = P(4) = P(3) = P(2) = P(1) = \frac{1}{n} = \frac{1}{6}$$

Sucesos compuestos por sucesos simples mutuamente excluyentes

Cuando los sucesos simples que conforma al suceso compuesto A son mutuamente excluyente, la probabilidad del suceso compuesto estará dada por la suma de las probabilidades de cada suceso simple $P(A_k)$, tal que:

$$P(A) = P(A_1) + P(A_2) + \ldots + P(A_k)$$

Por ejemplo, para estimar la probabilidad de que en un único lanzamiento de dado, salga un número par, se obtiene el suceso $A = \{2,4,6\}$ dado por la suma de las probabilidades de cada uno de sus sucesos simples $P(2)+P(4)+P(6)$ del espacio muestral $E = \{1,2,3,4,5,6\}$ tal que:

$$P(A) = P(2) + P(4) + P(6)$$
$$P(A) = \frac{1}{6} + \frac{1}{6} + \frac{1}{6} = \frac{3}{6}$$
$$P(A) = \frac{1}{2}$$

En el primer resultado $\frac{3}{6}$ (en el segundo paso, antes de hallar el máximo común divisor [MCD] y reducir la fracción a $\frac{1}{2}$), el numerador es equivalente a la cantidad de sucesos simples dentro del suceso compuesto «números pares» y se denota por h. El denominador, 6, es n, el total de todos los sucesos del espacio muestral. De esta forma, la probabilidad de un suceso A compuesto por sucesos mutuamente excluyentes queda dada por el cociente de h y n tal que:

$$P(A) = \frac{h}{n}$$

```
numeros_pares = [i for i in espacio_muestral if i % 2 is 0]
h = len(numeros_pares)


probabilidad = float(h) / n
```

Un suceso compuesto se puede denotar por la unión de sus sucesos simples (símbolo $\cup$, leído como "o"), tal que:

$$P\left(A_1 \cup A_2 \cup \dots A_k\right) = P\left(A_1\right) + P\left(A_2\right) + \dots P\left(A_k\right)$$

Por ejemplo, para el caso del suceso «números pares», se obtiene que:

$$P\left(2 \cup 4 \cup 6\right) = P\left(2\right) + P\left(4\right) + P\left(6\right)$$

$$P\left(2 \cup 4 \cup 6\right) = \frac{1}{6} + \frac{1}{6} + \frac{1}{6} = \frac{3}{6}$$

$$P\left(2 \cup 4 \cup 6\right) = \frac{1}{2}$$

Tal que $P\left(2 \cup 4 \cup 6\right)$ es un suceso y $P\left(2\right)$, $P\left(4\right)$ y $P\left(6\right)$ son las probabilidades de los tres sucesos que lo componen. En un nuevo contexto, $P\left(2 \cup 4 \cup 6\right)$ puede ser tratado como un suceso A.

Funciones

```
# Probabilidad de sucesos simples mutuamente excluyentes
pssme = lambda e: 1.0 / len(e)


# Probabilidad de sucesos compuestos mutuamente excluyentes
def pscme(e, sc):
    n = len(e)


    return len(sc) / float(n)
```

Probabilidad condicional en Python

c. Probabilidad de B:

$$B = \{ 2,4,6 \}$$

$$P(B) = \frac{h}{n} = \frac{3}{6} = \frac{1}{2}$$

d. Probabilidad de la intersección:

$$P(A \cap B) = P(A) P(B)$$

$$P(A \cap B) = \frac{1}{2} \cdot \frac{1}{2} \quad P(A \cap B) = \frac{1}{4}$$

```python
e = espacio_muestral = [1, 2, 3, 4, 5, 6]
n = len(e)  # total de la muestra

# probabilidad de A
a = [i for i in e if i % 2 is not 0]
pa = len(a) / float(n)

# probabilidad de B
b = [i for i in e if i % 2 is 0]
pb = len(b) / float(n)

# probabilidad de la intersección de sucesos


pi = pa * pb
```

Funciones

```python
# Probabilidad condicional: sucesos dependientes
def pscd(e, a, b):
    i = list(set(a).intersection(b))
    pi = pscme(e, i)
    pa = pscme(e, a)
    return pi / pa


# Probabilidad condicional: sucesos independientes
def psci(e, a, b):
    pa = pscme(e, a)
    pb = pscme(e, b)


    return pa * pb
```

Sucesos dependientes

Se refiere a la probabilidad de que dos sucesos ocurran simultáneamente siendo que el segundo suceso depende de la ocurrencia del primero.

La probabilidad de que ocurra B si ocurre A, se denota por $P(A|B)$ y se lee como *"la probabilidad de B dado A"*, tal que:

$$P(B|A) = \frac{P(A \cap B)}{P(A)}$$

Donde $P(A \cap B)$ es la probabilidad de la intersección de los sucesos de A y B — definida como: $P(A \cap B) \equiv P(A) P(A|B)$ —, tal que la intersección es un nuevo suceso compuesto por sucesos simples. En el siguiente ejemplo, equivaldría a $\{1,3\}$ (porque 1 y 3 están tanto en A como en B).

Ejemplo: ¿qué probabilidad existe de que al lanzar un dado resulte un número impar menor que 4?

El lanzamiento del dado es un suceso en sí mismo. Se desea averiguar la probabilidad de $B = \{1,2,3\}$ (número menor que 4) dado que $A = \{1,3,5\}$ (número impar) ocurriese en el espacio muestral $E = \{1,2,3,4,5,6\}$.

```python
espacio_muestral = [1, 2, 3, 4, 5, 6]
a = [i for i in espacio_muestral if i % 2 is not 0]

b = [i for i in espacio_muestral if i < 4]
```

Para calcular la probabilidad de una intersección, primero se obtiene la intersección:

$$A \cap B = \{1,3\}$$

```
intersec = [i for i in a if i in b]
```

Y luego, se calcula la probabilidad del nuevo suceso compuesto $\{1,3\}$:

$$P(A \cap B) = P(1) + P(3) = \frac{1}{6} + \frac{1}{6} = \frac{2}{6} = \frac{1}{3}$$

o, lo que es igual:

$$P(A \cap B) = \frac{h}{n} = \frac{2}{6} = \frac{1}{3}$$

Es necesario además, obtener la probabilidad de A, teniendo en cuenta que es también un suceso compuesto:

$$P(A) = \frac{h}{n} = \frac{3}{6} = \frac{1}{2}$$

Finalmente, se obtiene que:

$$P(B|A) = P(A \cap B)$$
$$P(B|A) = \frac{1/3}{1/2}$$
$$P(B|A) = \frac{2}{3} = 0.\bar{6}$$

```
e = espacio_muestral = [1, 2, 3, 4, 5, 6]

a = [i for i in e if i % 2 is not 0]  # números impares
b = [i for i in e if i < 4]  # números menores que 4
intersec = [i for i in a if i in b]  # intersección de A y B

n = len(e)  # total de la muestra
ha = len(a)  # total de sucesos simples en A
# total de sucesos simples en la intersección
```

```
hintersec = len(intersec)

# probabilidad de la intersección
probabilidad_intersec = float(hintersec) / n

# probabilidad de 'a'
probabilidad_a = float(ha) / n

# probabilidad condicional
probabilidad_b_dado_a = probabilidad_intersec /
probabilidad_a
```

Teoría de conjuntos en Python

Al obtener la intersección de dos sucesos compuestos se ha empleado un método manual al decir: devolver 'i' por cada 'i' en la lista 'a' si está en la lista 'b'.

No obstante, dado que cada suceso compuesto es un conjunto y que Python provee un tipo de datos llamado **set** (conjunto), es posible obtener la intersección manipulando los sucesos compuestos como conjuntos de Python. Con **set** se puede convertir cualquier iterable a conjunto y realizar operaciones de conjuntos como unión e intersección cuando sea necesario.

```
intersec = list(set(a).intersection(b))
```

Aquí el conjunto obtenido se convierte en lista a fin a fin de guardar coherencia con el resto del código y que el elemento resultante soporte las operaciones y tratamiento habituales de una lista. Ante la duda de si corresponde usar listas o conjuntos, se debe aplicar el principio de simplicidad e implementar la solución más simple.

Sucesos independientes

A diferencia del caso anterior, aquí la probabilidad de que ocurra B no está afecta por la ocurrencia de A. Por ejemplo, la probabilidad de lanzar un dado y obtener un número par (suceso B) no está afectada por el hecho de que en un lanzamiento previo se obtuviese un número impar (suceso A). La probabilidad de B es independiente de A y está dada por el producto de la probabilidad de ambos sucesos:

$$P(A \cap B) = P(A) P(B)$$

Aquí la intersección es la probabilidad de que confluyan ambos sucesos.

Calculada la probabilidad de ambos sucesos independientes, se multiplican obteniendo:

a. Espacio muestral (para ambos sucesos):

$$E = \{ 1,2,3,4,5,6 \}$$

b. Probabilidad de A:

$$A = \{ 1,3,5 \}$$
$$P(A) = \frac{h}{n} = \frac{3}{6} = \frac{1}{2}$$

Teorema de Bayes en Python

Teorema de Bayes y probabilidad de causas

Dada una serie de sucesos A_k cuya suma total es un espacio muestral E y un suceso B cualquiera, el Teorema de Bayes permite conocer la probabilidad de que cada suceso A_k de E, sea la causa de B . Por este motivo, también se lo conoce como **probabilidad de causas**.

Datos: caso práctico

Dada una ciudad de **50 000 habitantes**, con la siguiente distribución:

Niñas	Niños	Mujeres	Hombres
11000	9000	16000	14000

Y, un reporte de **9 000 casos de gripe**, distribuidos de la siguiente forma:

Niñas	Niños	Mujeres	Hombres
2000	1500	3000	2500

Se pretende obtener la probabilidad de que la causa de contraer gripe sea el hecho de pertenecer a un determinado sector demográfico (por ejemplo, al sector demográfico conformado por niños o niñas).

Análisis

De lo expuesto *ut supra* se obtiene que:

- La ciudad (total absoluto de habitantes) es el espacio muestral E .
- La cantidad de niñas, niños, mujeres y hombres es cada uno de los sucesos A_k del espacio muestral E
- Como valor de n se toma la suma del espacio muestral $\sum A_k$, tal que $n = 50000$
- El valor de h para los sucesos A_k es cada uno de los valores dados en la tabla de distribución de habitantes.

- Tener gripe es el suceso B.
- La tabla de distribución de casos de gripe, se corresponde a las intersecciones del suceso B con cada suceso A_k, es decir a cada $A_k \cap B$

Según el cálculo de probabilidad que se aplique, se podrá obtener:

- La probabilidad de ser niña, niño, mujer u hombre en la ciudad, por medio de $P(A_k)$. Se considera una **probabilidad a priori**.
- La probabilidad de ser niña, niño, mujer u hombre y tener gripe, que se obtiene con $P(A_k|B)$ y se considera una **probabilidad condicional**.
- La probabilidad de que cualquier habitante, independientemente del sector al que pertenezca tenga gripe, se obtiene con $P(B) = \sum_{k=1}^{n} P(A_k) P(B|A_k)$ y se la considera una **probabilidad total.**
- La probabilidad de que alguien con gripe sea niña, niño, mujer u hombre se obtiene con el **Teorema de Bayes**. A esta probabilidad se la considera una **probabilidad a posteriori**, permitiendo dar respuesta a preguntas cómo ¿cuál es la probabilidad de que un nuevo caso de gripe sea de en un niño o niña?

Una forma eficaz y ordenada de obtener una probabilidad a *posteriori* con el Teorema de Bayes, es obtener primero las tres probabilidades previas: a priori, condicional y total.

Conversión recursiva de elementos de una lista

En lo sucesivo, se utilizará `map(float, <lista>)` en el código fuente, para convertir los elementos de una lista en números reales, toda vez que hacerlo no sobrecargue el código.

Procedimiento

1. Cálculo de probabilidad a priori

Retorna: probabilidad de que un habitante pertenezca a un sector demográfico específico.

Fórmula: $P(A_k) = \dfrac{h}{n}$

Datos necesarios:

h_k = datos de la tabla de distribución de habitantes

n = siempre es la cantidad total del espacio muestral (50 000) .

Resultados:

$$P(A_1) = \frac{11000}{50000} = 0.22 \quad \text{probabilidad de ser niña}$$

$$P(A_2) = \frac{9000}{50000} = 0.18 \quad \text{probabilidad de ser niño}$$

$$P(A_3) = \frac{16000}{50000} = 0.32 \quad \text{probabilidad de ser mujer}$$

$$P(A_4) = \frac{14000}{50000} = 0.28 \quad \text{probabilidad de ser hombre}$$

Código Python:

```
habitantes = map(float, [11000, 9000, 16000, 14000])
n = sum(habitantes)

pa = [h / n for h in habitantes]
```

2. Probabilidad condicional

Retorna: probabilidad de tener gripe perteneciendo a un sector demográfico específico.

Certeza: A_k (el sector demográfico)

Objetivo: B (la probabilidad de tener gripe)

Fórmula: $P(B|A_k) = \dfrac{P(A_k \cap B)}{P(A_k)}$

Datos necesarios:

$$P(A_k \cap B) = \frac{h = B_k}{n = 50000}$$

h = intersecciones (datos de la tabla de distribución de casos de gripe)

Resultados:

$$P(B|A_1) = \frac{\frac{2000}{50000}}{0.22} = 0.\,\overline{18}$$ probability de tener gripe siendo niña

$$P(B|A_2) = \frac{\frac{1500}{50000}}{0.18} = 0.1\,\overline{6}$$ probabilidad de tener gripe siendo niño

$$P(B|A_3) = \frac{\frac{3000}{50000}}{0.32} = 0.19$$ probabilidad de tener gripe siendo mujer

$$P(B|A_4) = \frac{\frac{2500}{50000}}{0.28} = 0.18$$ probabilidad de tener gripe siendo hombre

Código Python:

```python
afectados = map(float, [2000, 1500, 3000, 2500])
pi = [k / n for k in afectados]

pba = [pi[i] / pa[i] for i in range(len(pi))]
```

3. Probabilidad total

Retorna: probabilidad de que cualquiera de los habitantes, independientemente del sector demográfico al que pertenezcan, pueda tener gripe.

Fórmula: $P(B) = \sum_{k=1}^{n} P(A_k) P(B|A_k)$

Datos necesarios:

- probabilidad a priori

- probabilidad condicional.

Resultados:

$$P(B) = P(A_1) P(B|A_1) + P(A_2) P(B|A_2) + P(A_3) P(B|A_3) + P(A_4) P(B|A_4)$$

$$P(B) = 0.22 \cdot 0.18 + 0.18 \cdot 0.1\bar{6} + 0.32 \cdot 0.19 + 0.28 \cdot 0.18$$

$$P(B) = 0.04 + 0.03 + 0.06 + 0.05$$

$$P(B) = 0.18$$

Código Python:

```python
productos = [pa[i] * pba[i] for i in range(len(pa))]
pb = sum(productos)
```

Observaciones:

(a) notar que en la salida anterior existirá una diferencia de .01 con respecto a la solución manual. Esto es debido al redondeo efectuado en la solución manual. Dicha diferencia puede ser erradicada empleando 3 decimales en los valores de la probabilidad condicional (en lugar de dos) en la solución manual.

(b) la probabilidad de NO tener gripe estará dada por $1 - P(B)$ tal que $1 - 0.18 = 0.82$ pero no será necesario utilizarla para este ejemplo con el Teorema de Bayes.

4. Probabilidad a posteriori

Retorna: probabilidad de pertenecer a un sector demográfico específico y tener gripe.

Certeza: B (tener gripe)

Objetivo: A_k (la probabilidad de pertenecer a un sector demográfico concreto)

Fórmula: $P(A_k|B) = \dfrac{P(A_K)\,P(B|A_k)}{\sum\limits_{k=1}^{n} P(A_k)\,P(B|A_k)}$

Datos necesarios:

$P(A_k)\,P(B|A_k)$ = el producto obtenido en cada uno de los términos de la probabilidad total

$\sum\limits_{k=1}^{n} P(A_k)\,P(B|A_k)$ = la probabilidad total

Resultados:

$P(A_1|B) = \dfrac{0.04}{0.18} = 0.\overline{22}$ probabilidad de ser niña teniendo gripe

$$P(A_2|B) = \frac{0.03}{0.18} = 0.1\overline{6}$$ probabilidad de ser niño teniendo gripe

$$P(A_3|B) = \frac{0.06}{0.18} = 0.\overline{33}$$ probabilidad de ser mujer teniendo gripe

$$P(A_4|B) = \frac{0.05}{0.18} = 0.2\overline{7}$$ probabilidad de ser hombre teniendo gripe

Código Python:

```
pab = [p / pb for p in productos]
```

Funciones

```
# Teorema de Bayes
def bayes(e, b):
    n = float(sum(e))
    pa = [h / n for h in e]
    pi = [k / n for k in b]
    pba = [pi[i] / pa[i] for i in range(len(pi))]
    prods = [pa[i] * pba[i] for i in range(len(pa))]
    ptb = sum(prods)
    pab = [p / pb for p in prods]

    return pab
```

Bibliografía complementaria

[0] Probabilidad y Estadística, Murray Spiegel. McGraw-Hill, México 1988. ISBN: 968-451-102-7

20. Estadística descriptiva con Python

Estadística poblacional y muestral

La **estadística poblacional y muestral** suele ser parte de la bioestadística. En ella, **población** se refiere al Universo de los elementos que van a ser investigados, es decir, aquellos elementos que serán objeto de una investigación científica. Mientras que una **muestra** se refiere sólo a la parte de esos sujetos, que se tomará en cuenta para la investigación.

Medidas descriptivas de tendencia central

En una muestra, la **media** es la medida descriptiva de tendencia central, de dicha muestra. Matemáticamente, se corresponde con el promedio de una variable determinada, y se obtiene mediante el cociente de la suma de las variables y el total de la muestra:

$$\bar{x} = \frac{\sum x_i}{n}$$

```
media = sum(muestra) / float(len(muestra))
```

Una **variable** es cualquier magnitud que vaya a ser medida, generalmente de forma cuantitativa.

Por ejemplo:

- **Población**, podría ser el total de los miembros de un club de ajedrez de 1500 socios.

- La **muestra**, podrían ser una porción significativa de esos miembros (500).

- La **variable** a cuantificar, podría ser las edades de los sujetos de la muestra.

- La **media** sería el promedio de edad de la muestra.

Medidas descriptivas de dispersión

Dado que una muestra es sólo una parte de la población, en cualquier estadística cuantificable, habrá ciertos desvíos y variaciones, a los que se denomina **medidas descriptivas de dispersión**. Estas medidas, pueden ser la **varianza** y el **desvío estándar**, las cuales determinarán el grado de variabilidad y dispersión de los datos, respectivamente.

Cálculos de dispersión

La varianza y el desvío estándar se miden tanto sobre la población, como sobre la muestra.

Para calcular la varianza se requiere calcular previamente la media. Y para calcular el desvío estándar se requiere calcular previamente la varianza, ya que el desvío estándar es la raíz cuadrada de la varianza.

La **varianza** se calcula en base a la *suma de los cuadrados de la diferencia entre cada elemento de la muestra y la media*.

Cuando se trata de la <u>varianza poblacional</u>, se divide por *n*:

$$s^2 = \frac{\sum_{i=0}^{n} \left(x_i - \bar{x} \right)^2}{n}$$

y cuando se trata de <u>varianza muestral</u>, se divide por *n - 1*.

$$s^2 = \frac{\sum_{i=0}^{n} \left(x_i - \bar{x} \right)^2}{n-1}$$

En ecuaciones tan complejas, la forma de reducir la ecuación a código fuente, sigue siendo siempre la misma que se utiliza para resolver la ecuación manualmente: comenzar resolviendo desde dentro hacia afuera, es decir que en este caso, primero se resuelven las restas:

```
diferencias = [xi - media for xi in muestras]
```

Luego los cuadrados:

```
potencias = [x ** 2 for x in diferencias]
```

Luego se suma:

```
sumatoria = sum(potencias)
```

Y finalmente se divide:

```
varianza_muestral = sumatoria / (n - 1)
varianza_poblacional = sumatoria / n
```

Una vez obtenida la varianza, para calcular la **desviación estándar,** se realiza la raíz cuadrada de la varianza: $\sigma = \sqrt{s^2}$

Tener en cuenta que para obtener una raíz cuadrada, habrá que importar la función *sqrt* del módulo *math*:

```
from math import sqrt

desvio_muestral = sqrt(varianza_muestral)
desvio_poblacional = sqrt(varianza_poblacional)
```

Conclusión

La estadística poblacional y muestral es una de las bases de la inferencia en bioestadística. Permite, por un lado, extraer consecuencias sobre la población en base a lo que se observa, y por el otro, establecer una ponderación de riesgos.

Frecuencia estadística

En estadística la frecuencia está relacionada con la cantidad de veces que un suceso determinado aparece en una muestra. La distribución de frecuencias o tablas de frecuencias son las que se utilizan para visualizar numéricamente las características de un conjunto de datos. Los diferentes cálculos de frecuencia son de los más habituales en estadística, ya que sus resultados facilitan la toma de decisiones. La frecuencia puede ser absoluta o relativa y a su vez acumulada.

Frecuencia absoluta

Representa la cantidad de veces que un valor determinado se repite en una muestra. Por ejemplo, en una muestra de N estudiantes, donde la variable a medir es la edad, ¿cuántos de estos estudiantes tienen x años?

La siguiente es una muestra de 10 estudiantes, en la que la variable de la muestra es la edad. Por lo tanto, la muestra se compone de las edades de cada uno de los 10 estudiantes.

```
muestra = [23, 23, 34, 18, 20, 18, 18, 21, 23, 18]
```

La frecuencia absoluta f_i, será la cantidad de veces que cada una de las edades, se repite en la muestra. Para obtener las frecuencias absolutas, primero se obtienen los valores únicos (sin repeticiones) y luego, se cuenta cuántas veces se repite cada uno de esos valores en la muestra en la muestra.

```
absolutos = []
frecuencias = []
for n in muestra:
    if not n in absolutos:
        absolutos.append(n)
        fi = muestra.count(n)
        frecuencias.append(fi)
```

Dado que para crear una tabla de distribución de frecuencias se deben ordenar los datos de de forma correlativa, una buena práctica es ordenar primero la muestra antes de hacer cualquier cálculo de frecuencia:

```
muestra.sort()
# Salida: [18, 18, 18, 18, 20, 21, 23, 23, 23, 34]
```

De esta forma se obtienen ya organizados los valores absolutos y las frecuencias absolutas, por lo que su visualización será más sencilla:

```
>>> absolutos
[18, 20, 21, 23, 34]
>>> frecuencias
[4, 1, 1, 3, 1]
```

Edad	Frecuencia absoluta
18	4
20	1
21	1
23	3
34	1

La suma de las frecuencias absolutas va a ser igual al total de elementos de la muestra:

$$N = \sum_{i=0}^{n} f_i$$

```
N = sum(frecuencias)
```

Es decir que $N = n$:

```
n = len(muestra)
```

Frecuencia relativa

La frecuencia relativa h_i establece la proporción o porcentaje que una frecuencia absoluta representa para la muestra. Por ejemplo, si de un total de 10 estudiantes, solo 1 tiene 20 años, ¿qué proporción representa 1 para un total de 10? Ese 10% es la frecuencia relativa de 1, y se obtiene dividiendo la frecuencia absoluta por el total de elementos:

$$h_i = \frac{f_i}{N}$$

```
relativas = [float(fi) / N for fi in frecuencias]
```

El resultado será:

```
[0.4, 0.1, 0.1, 0.3, 0.1]
```

Edad	Frecuencia absoluta	Frecuencia relativa
18	4	0.4
20	1	0.1
21	1	0.1
23	3	0.3
34	1	0.1

Por lo tanto la suma de todas las frecuencias relativas siempre será 1:

```
suma_relativas = round(sum(relativas))
```

Se debe tener en cuenta que en un ordenador, los números decimales sólo son representaciones logradas a partir de números binarios. Por lo tanto, no siempre son exactas.

Una muestra de ello, podría ser realizar la suma anterior sin aplicar la función round:

```
>>> sum([0.4, 0.1, 0.1, 0.3, 0.1]... )
0.9999999999999999
```

Frecuencias acumuladas

La **frecuencia acumulada** F_i o *frecuencia absoluta acumulada*, se obtiene sumando todas las frecuencias absolutas menores o iguales a la frecuencia absoluta considerada.

```
acumuladas = [sum(frecuencias[:i+1]) for i, fi in enumerate(frecuencias)]
```

Alternativamente, puede obtenerse sin desperdicio de valores, mediante:

```
acumuladas = [sum(frecuencias[:i+1]) for i in range(len(frecuencias))]
```

La **frecuencia relativa acumulada** H_i , es aquella que resulta del cociente de su frecuencia absoluta acumulada y el total de datos:

```
relativas_acumuladas = [float(f) / N for f in acumuladas]
```

La tabla de distribución de frecuencias podría verse como sigue:

Edad	f_i	h_i	F_i	H_i	p_i
18	4	0.4	4	0.4	40%
20	1	0.1	5	0.5	10%
21	1	0.1	6	0.6	10%
23	3	0.3	9	0.9	30%
34	1	0.1	10	1.0	10%
SUMA	N=10	1.0	-----------		100%

El valor de la última columna p_i, es el **porcentaje**, el cual se obtiene multiplicando el valor relativo por 100: $p_i = h_i \cdot 100$

```
porcentajes = [hi * 100 for hi in relativas]
```

21. **Python como CGI para aplicaciones Web**

Cualquier lenguaje de programación, incluso aquellos lenguajes compilados como C, pueden ser empleados para crear aplicaciones Web. Python no es una excepción y al igual que el resto de lenguajes, no requiere de herramientas especiales ni de *Framework* para emplearse en la programación de aplicaciones Web.

Para programar aplicaciones Web sobre Apache, en cualquier lenguaje, solo se necesita:

- El intérprete del lenguaje (Python, en este caso).

- El servidor HTTP de Apache.

- El módulo *cgi* para el servidor HTTP de Apache.

Este último requisito, es el que hace posible que las aplicaciones Web puedan ser programadas en cualquier lenguaje soportado por el Sistema Operativo.

Entender la interfaz CGI

CGI es una capa intermedia (*gateway*) entre un servidor HTTP y los *scripts* escritos en cualquier lenguaje que pueda ser entendido por el Sistema Operativo. Esto significa que cualquier *script* que pueda ser ejecutado manualmente en el sistema operativo también puede ser ejecutado por una interfaz cuando se accede desde un servidor HTTP.

Un *script* accesible a través de un servidor Web es conocido como «*Script CGI*».

El único requisito que un *script* CGI debe cumplir, es considerar las especificaciones de entrada y salida del protocolo HTTP. Esto significa:

- Los métodos de entrada del usuario difieren de los métodos de entrada estándar de la línea de comandos. Los métodos de entrada estándar más habituales en el protocolo HTTP, son los métodos GET y POST que se explican más adelante.

- La salida solo difiere en que previo al mensaje (*print* habituales) se deben enviar unas cabeceras.

Antes de profundizar en estos temas se da un ejemplo práctico de código fuente en Python que ayude a entender las diferencias entre un *script* convencional y un *script* CGI.

A continuación se muestran dos versiones de un «Hola Mundo». Una, de un *script* convencional; la segunda, de un *script* CGI.

Script convencional:

```
#!/usr/bin/env python
print("Hola Mundo")
```

Script CGI:

```
#!/usr/bin/env python
print("Content-type: text/html; charset=utf-8")
print("")
print("Hola Mundo")
```

Como puede verse, la única diferencia, en la práctica, para un *script* CGI, es el envío previo de dos líneas: una línea de cabeceras HTTP y una línea en blanco que indica el final de dichas cabeceras y el comienzo del cuerpo del mensaje.

Entender el servidor HTTP de Apache

Normalmente, cuando una solicitud HTTP es enviada a un servidor, Apache recibe dicha solicitud y decide qué hacer con ella basándose en la información provista en:

- El archivo de configuración del servidor HTTP. En servidores basados en Debian GNU/Linux suele encontrarse en `/etc/apache2/apache2.conf`. Los basados en Fedora o Red Hat, suelen tener este archivo en `/etc/apache2/httpd.conf`.

- El archivo de configuración del *host* virtual (Virtual Host de Apache). Se trata del archivo de configuración específico para cada "dominio" (técnicamente, para cada «*host virtual*» almacenado en el servidor. Debe recordarse que un equipo informático es un único *host* y que el servidor HTTP de Apache permite simular el manejo de múltiples *hosts* en un mismo equipo). Estos archivos se localizan en el directorio `/etc/apache2/sites-available`.

Opcionalmente, Apache también puede acceder al **archivo de configuración del directorio** raíz de la aplicación (y al de sus respectivos subdirectorios), denominado `.htaccess`.

El archivo de configuración de Apache, tiene directivas comunes a todos los *host*. Este archivo no suele tener indicaciones particulares. Las indicaciones particulares se encuentran en el *Virtual Host*, y es aquí donde se establece si los archivos de una aplicación deben ser ejecutados con algún módulo determinado como CGI.

Los módulos de Apache son bibliotecas que otorgan funciones específicas al servidor HTTP. En ocasiones, Apache se vale de estos módulos para realizar determinadas acciones. Una de ellas, es permitir la ejecución de *scripts*. Para permitir la ejecución de *scripts* CGI, el servidor HTTP de Apache debe valerse de un módulo como el módulo *cgi*. También existen otras alternativas (como FastCGI, por ejemplo) pero dado el carácter sintético de este apartado, solo se abarcará *cgi*.

Normalmente, un Virtual Host a la escucha en un puerto específico, define al menos tres parámetros:

- Un nombre de servidor.

- Un directorio raíz para la aplicación.

- La ruta de los archivos de registro.

```
<VirtualHost *:80>
    ServerName eugeniabahit.co.uk
    DocumentRoot "/var/www/torc-web/html"
    ErrorLog "/var/log/torc-web/error.log"
    CustomLog "/var/log/torc-web/access.log" combined
</VirtualHost>
```

Adicionalmente, puede definir indicaciones particulares para un directorio específico, como por ejemplo, la opción de no crear un índice de archivos para evitar exponer el árbol de directorios de la aplicación:

```
<VirtualHost *:80>
    ServerName eugeniabahit.co.uk
    DocumentRoot "/var/www/torc-web"
    ErrorLog "/var/log/torc-web/error.log"
    CustomLog "/var/log/torc-web/access.log" combined

    <Directory "/var/www/torc-web/html">
        Options -Indexes
    </Directory>
</VirtualHost>
```

Si se desea permitir la ejecución de *scripts* CGI, será necesario:

- Habilitar dicha ejecución de forma concreta.

- Especificar el módulo que se encargará del manejo de solicitudes.

```
<VirtualHost *:80>
    ServerName eugeniabahit.co.uk
    DocumentRoot "/var/www/torc-web"
    ErrorLog "/var/log/torc-web/error.log"
    CustomLog "/var/log/torc-web/access.log" combined

    <Directory "/var/www/torc-web/html">
        Options -Indexes +ExecCGI
        setHandler cgi-script
    </Directory>
</VirtualHost>
```

Conclusiones. Como puede observarse, las únicas diferencias que existen en comparación a la creación de un sitio Web estático (sin programación del lado del servidor) son solo dos:

- Una, a nivel de aplicación: la necesidad de enviar las cabeceras HTTP antes de imprimir la salida.

- Otra, a nivel de servidor: la necesidad de definir dos directivas adicionales en el Virtual Host (*+ExecCGI* y *setHandler*).

Montar un Virtual Host localmente

En lo sucesivo se darán unas bases de conocimiento mínimas para que estudiantes de programación de nivel medio e inicial puedan introducirse en el tema, pero consideraciones más profundas sobre la Ingeniería de Aplicaciones Web serán tratadas en futuras publicaciones.

A continuación, se explican detalladamente los pasos a seguir para montar un *VirtualHost* local para ejecutar *scripts* CGI mediante el protocolo HTTP.

Instalación y configuración de Apache

Para instalar Apache en Debian GNU/Linux y derivados, se debe ejecutar:

```
apt install apache2
```

En Fedora, Red Hat y derivados:

```
dnf install httpd
systemctl enable httpd.service
```

La última línea habilita el inicio automático del servicio. En Debian y derivados el inicio es automático tras la instalación[9].

Para más información sobre instalación, visitar la documentación oficial en el siguiente enlace:

http://httpd.apache.org/docs/trunk/en/install.html

---

9   No se ha comprobado si el inicio es automático también en distribuciones basadas en Fedora.

Antes de comenzar, se recomienda habilitar el acceso de Apache al directorio *home* del usuario. Esto solo debe hacerse localmente, nunca en producción.

Para ello, se debe editar el archivo de configuración (***apache2.conf*** o ***httpd.conf*** según aplique) y sustituir `/var/www` por `/home/NOMBREDEUSUARIO` en el siguiente bloque:

```
<Directory /home/eugenia>
    Options Indexes FollowSymLinks
    AllowOverride None
    Require all granted
</Directory>
```

Por favor, notar que todos los cambios que se realicen sobre Apache requieren su ejecución como **root**.

Habilitación del módulo *cgi*

En algunos sistemas *nix, la instalación de Apache por defecto utiliza el módulo de multiproceso *event* o *worker*, mientras que en otras, *prefork*. Mientras que para los dos primeros se debe emplear el módulo *cgid*, para el último, será necesario *cgi*. Para un primer acercamiento al *scripting* sobre interfaz CGI, se recomienda configurar Apache para trabajar con el módulo de multiproceso *prefork* y el módulo *cgi*, debido a que con este último se facilita la depuración de errores mediante los registros del sistema. Por lo tanto, por precaución, se deshabilitarán primero *event*, *worker* y *mod_cgid* (si ninguno de ellos estaba habilitado no generará problemas) y luego se habilitarán *prefork* y *mod_cgi* (si estaban habilitados no dará problemas).

Para esto, en Debian y derivados, se deben ejecutar las siguientes instrucciones:

```
a2dismod mpm_event
```

```
a2dismod mpm_worker
a2dismod mod_cgid

a2enmod mpm_prefork
a2enmod cgi

systemctl restart apache2
```

En Fedora y derivados, se debe editar el archivo de configuración y agregar o quitar las líneas correspondientes. Estas líneas comienzan con la directiva *LoadModule* y la sintaxis de cada una de ellas es la siguiente:

```
LoadModule <nombre_del_modulo> <ruta>
```

Por ejemplo, la directiva para agregar el módulo *cgi* sería la siguiente:

```
LoadModule cgi_module modules/mod_cgi.so
```

Mientras que la de *prefork* se vería así:

```
LoadModule mpm_prefork_module modules/mod_mpm_prefork.so
```

Para reiniciar Apache en Fedora y derivados, se debe ejecutar:

```
systemctl restart httpd.service
```

Definición de un nombre de *host* nuevo

Como se comentó previamente, Apache permite emular múltiples *host* en un único equipo. En un servidor público, definir un nombre de *host* requiere:

- Registrar un nombre de dominio público como *eugeniabahit.co.uk*

- Delegar los DNS del dominio al servidor donde será hospedado

- Crear los registros DNS correspondientes («A» para IPv4 y «AAAA» para IPv6)

Sin embargo, cuando el nombre de *host* solo se emplea localmente, basta con agregar una nueva entrada al archivo **/etc/hosts**:

```
127.0.0.1       nuevohost.local
```

Se usa la palabra *local* como TLD de dominio local a modo práctico.

Creación de la estructura de directorios

Se dará una estructura básica para que pueda probarse el procedimiento. Sin embargo, estructuras más complejas son requeridas en la Ingeniería de Software. Para los fines de este libro, bastarán los siguientes directorios:

- Carpeta del proyecto.

- Carpeta raíz de la aplicación.

- Carpeta para almacenamiento de registros.

Un ejemplo de estructura se vería como la siguiente:

```
nuevohost/          # Carpeta del proyecto
├── app        # Raíz de la aplicación
└── logs       # Registros de la aplicación (logs)
```

Puede crearse la estructura ejecutando el siguiente comando sin necesidad de privilegios:

```
mkdir -p nuevohost/{app,logs}
```

Creación del Virtual Host

Este archivo debe crearse en el directorio `/etc/apache2/sites-available` y por nombre puede llevar el del nuevo *host* seguido de *.conf*. En negrita se muestran los datos variables que deberán ser modificados:

Archivo: /etc/apache2/sites-available/**nuevohost.conf**

```
<VirtualHost *:80>
    ServerName nuevohost.local
    DocumentRoot "/home/eugenia/nuevohost/app"
    ErrorLog "/home/eugenia/nuevohost/logs/error.log"
    CustomLog "/home/eugenia/nuevohost/logs/access.log"
combined

    <Directory "/home/eugenia/nuevohost/app">
        Options -Indexes +ExecCGI
        setHandler cgi-script
    </Directory>
</VirtualHost>
```

Habilitación del nuevo Virtual Host

En Debian y derivados se habilita mediante el siguiente comando:

```
a2ensite nuevohost.conf
```

Solo se debe especificar el nombre del archivo de configuración del *Virtual Host*.

En Fedora y derivados se puede crear un enlace simbólico al archivo, dentro de la carpeta *sites-enabled*:

```
ln -s /etc/apache2/sites-available/nuevohost.conf \
/etc/apache2/sites-enabled/nuevohost.conf
```

Este enlace simbólico es el que crea el comando *a2ensite* en Debian. Por lo tanto, también podría realizarse el mismo procedimiento en dicha distribución y sus derivados.

Reiniciar Apache

Finalmente, para que los cambios se hagan efectivos, se debe reiniciar Apache (normalmente, solo bastaría con volver a cargar los archivos de configuración, sin embargo se reinicia para no tener que comprobar errores de configuración en un paso adicional):

En Debian y derivados:

```
systemctl restart apache2
```

En Fedora y derivados:

```
systemctl restart httpd.service
```

Probando la nueva Web

Una vez montado el *Virtual Host*, ya puede crearse el primer *hola mundo* en un *script* dentro de la carpeta raíz de la aplicación, recordando colocar las líneas correspondientes al envío de cabeceras HTTP:

```
Archivo: hola_mundo.py

#!/usr/bin/env python
print("Content-type: text/html; charset=utf-8")
print("")
print("Hola Mundo")
```

Para probar, se puede ingresar utilizando un navegador Web en el mismo equipo y colocando en la barra de direcciones `http://nuevohost.local/hola_mundo.py`.

Recordar que este archivo es un *script* como cualquier otro y por lo tanto, debe tener permisos de ejecución.

Separar el HTML del código Python

A fin de permitir la independencia de las vistas (interfaces gráficas), es posible utilizar archivos HTML como plantillas, por un lado, y capas lógicas por el otro. Solo se requiere reservar en el HTML, los identificadores necesarios para ser sustituidos por valores variables. Por ejemplo, el siguiente es un archivo HTML que solo muestra el saludo «Hola Eugenia»:

```html
<!doctype html>
<html>
  <head>
    <title>Archivo de prueba</title>
      <meta charset="utf-8">
  </head>
  <body>
      <h1>Hola Eugenia</h1>
  </body>
</html>
```

Si aquí «Eugenia» fuera el valor variable, se lo debería reemplazar por un identificador.

Un **identificador** es cualquier nombre descriptivo antecedido por el signo dólar.

```html
<!doctype html>
<html>
  <head>
    <title>Archivo de prueba</title>
      <meta charset="utf-8">
  </head>
  <body>
      <h1>Hola $nombre</h1>
  </body>
</html>
```

El *script* CGI solo deberá leer el archivo, hacer lo suyo, y a continuación, sustituir los identificadores mediante la clase **Template** de Python. Para ello, se requiere definir un diccionario donde las claves sean los nombres de los identificadores y como valor asociado a cada clave, el de sustitución correspondiente:

```
from string import Template

with open('/path/to/archivo.html', 'r') as f:
    html = f.read()

diccionario = dict(nombre='Eugenia')
# 'Eugenia' podría venir desde un formulario

html = Template(html).safe_substitute(diccionario)
```

Explicación del código anterior:

- El diccionario debe tener una clave por cada identificador. Si el HTML tuviese más identificadores, el diccionario tendría más claves.

- El archivo se leyó en una variable que luego se "pisó" con la sustitución. Esto es útil si no se necesita conservar la plantilla original para usos futuros dentro del *script*.

- La sustitución se realiza mediante la clase *Template*. Esta clase, como parámetro, recibe la cadena que contiene los identificadores a ser sustituidos. A continuación, se invoca al método **safe_substitute**, que recibe como parámetro un diccionario cuyas claves son los nombres de identificadores de la cadena que se pasa a la clase *Template*. Si el número de identificadores de la cadena es distinto al número de claves del diccionario, ningún error será lanzado.

Envío de correo electrónico

Para el envío de correo electrónico, Python provee una biblioteca llamada `smtplib`. Para hacer uso de ella (o de cualquier otra biblioteca para envío de correo electrónico) el equipo desde el cual se enviarán los correos debe tener instalado un MTA (*Mail Transport Agent*). Algunos MTA conocidos son *Sendmail* y *POSTFIX*. Se instalará *sendmail* por no requerir configuración en un entorno local.

Para instalar *Sendmail* en Debian y derivados, ejecutar:

```
apt install sendmail
```

En Fedora y derivados:

```
dnf install sendmail
```

El MTA no es requisito de la biblioteca de *smtplib* de Python, sino requisito para el envío de correos electrónicos desde un equipo a otro.

El mensaje de correo electrónico debe ser armado manualmente para cumplir con el formato establecido en las en las RFC 5322[10].

Dicho formato presenta las siguientes secciones:

```
<cabecera>
[línea en blanco]
<mensaje>
```

---

10   https://tools.ietf.org/html/rfc5322

El **mensaje** será cualquier mensaje de correo electrónico que se quiera enviar, incluyendo o no formato HTML. Cuando lo incluye, se define el tipo MIME como `text/html` y cuando no, como `text/plain`.

La **cabecera** será un conjunto de líneas formadas, cada una de ellas, por el patrón:

```
<campo de cabecera>: <valor del campo>
```

Las RFC 5322 definen la lista completa de campos de cabecera y sus especificaciones correspondientes.

Los campos de cabecera que habitualmente tendrá un mensaje de correo electrónico serán los siguientes:

Campo de cabecera	Nombre	Valores posibles (ejemplo)
Remitente*	`From`	usuario@host.tld
Destinatario*	`To`	usuario@host.tld
Versión MIME*	`MIME-Version`	1.0
Tipo MIME*	`Content-Type`	text/plain
Dirección de respuesta	`Reply-To`	usuario@host.tld
Dirección con copia	`Cc`	usuario@host.tld
Direcciones con copia oculta	`Cco`	usuario@host.tld
Asunto del correo*	`Subject`	Cadena de texto

(*) Los cuatro primeros campos deben estar presentes en todo mensaje de correo. El último, se espera que esté presente.

Un ejemplo de mensaje de correo en texto plano podría verse como el siguiente:

```
From: usuario1@host1.tld
To: usuario2@host2.tld
MIME-Version: 1.0
Content-Type: text/plain
```

```
Subject: Mensaje de prueba

Este es el cuerpo del mensaje de correo electrónico
que será enviado desde usuario1 a usuario2.
```

Una vez formado el mensaje de correo electrónico, se enviará creando una instancia de la clase **smtplib.SMTP**, cuyo constructor recibirá como parámetro el *host* del servidor SMTP (a no ser que se requiera el uso de un servidor externo, este será **localhost**), y enviar el mensaje de correo mediante el método **sendmail** el que recibirá como parámetros, el remitente, el destinatario y el mensaje de correo.

```
from smtplib import SMTP


remitente = 'usuario1@host1.tld'
destinatario = 'usuario2@host2.tld'

mensaje = """From: {desde}
To: {hacia}
MIME-Version: 1.0
Content-Type: text/plain
Subject: Mensaje de prueba

Este es el cuerpo del mensaje de correo electrónico
que será enviado desde usuario1 a usuario2.
""".format(desde=remitente, hacia=destinatario)

smtp = SMTP('localhost')
smtp.sendmail(remitente, destinatario, mensaje)
```

El mismo mensaje con formato HTML, solo requiere modificar el valor del campo de cabecera **MIME-Type** y dar formato con HTML al mensaje, en vez de dejarlo en texto plano:

```
from smtplib import SMTP


remitente = 'usuario1@host1.tld'
destinatario = 'usuario2@host2.tld'

mensaje = """From: {desde}
```

```
To: {hacia}
MIME-Version: 1.0
Content-Type: text/html
Subject: Mensaje de prueba

Este es el cuerpo del mensaje de correo electrónico<br>
que será enviado desde <b>usuario1</b> a <b>usuario2</b>.
""".format(desde=remitente, hacia=destinatario)

smtp = SMTP('localhost')
smtp.sendmail(remitente, destinatario, mensaje)
```

Métodos GET y POST de HTTP

POST y GET son dos de los ocho métodos de solicitud (*request methods*) definidos en la versión 1.1 del protocolo HTTP. Una especificación completa puede obtenerse en la sección 4 de las RFC 7231[11].

En el desarrollo de aplicaciones Web, POST y GET son los métodos más habituales de recupero de información. En el desarrollo de APIs, le siguen PUT, PATCH y DELETE.

Recibiendo y analizando solicitudes por GET

GET es el método principal por el que se envían la mayor parte de solicitudes en HTTP. Los datos enviados por GET se pasan como cadena de consulta (*query string*) en la URI. El diccionario **environ** del módulo **os** permite recuperar tanto la URI como los datos enviados como parte de esta:

```
from os import environ

uri = environ['REQUEST_URI']
get_data = environ['QUERY_STRING']
```

---

11   https://tools.ietf.org/html/rfc7231#section-4

La URI completa puede analizarse empleando el módulo **parse**[12] de la biblioteca **urllib**. El método **urlparse** de este módulo, devolverá la URL dividida en seis partes. Esto es útil cuando la URL que se desea analizar es una URL foránea, distinta a la disponible en **environ**:

```python
from urllib.parse import urlparse

url = "http://www.eugeniabahit.co.uk/search?q=una+cadena"
print(urlparse(url))
```

La salida de lo anterior se verá así:

```python
ParseResult(
    scheme='http',
    netloc='www.eugeniabahit.co.uk',
    path='/search',
    params='',
    query='q=una+cadena',
    fragment=''
)
```

Cada una de las partes se encuentra disponible en un atributo del objeto **ParseResult** retornado por **urlparse**:

```python
result = urlparse(url)
print(result.scheme)  # Salida: http
```

Este mismo módulo permite **analizar los datos recibidos por GET**, mediante la función **parse_qs** (*qs* son las iniciales de *Query String*):

```python
from os import environ
from urllib.parse import parse_qs

qs = environ['QUERY_STRING']
params = parse_qs(qs)
```

---

12   https://docs.python.org/3/library/urllib.parse.html

Esta función retorna los parámetros recibidos como claves de un diccionario. Dado que un mismo parámetro puede tener una colección de valores, los valores de cada parámetro serán almacenados en una lista, incluso aunque sea solo uno:

```
print(qs)  # Salida: nombre=Eugenia&apellido=Bahit
print(params['nombre']) # Salida: ['Eugenia']

print(qs)  # Salida: nombre=Eugenia&nombre=Juan
print(params['nombre'])  # Salida: ['Eugenia', 'Juan']
```

Notar que los **datos enviados por GET** son recibidos en una cadena de consulta (*Query String*) cuyo formato sigue el patrón `<clave>=<valor>`. Cuando más de un par clave/valor son transmitidos, se concatenan con el símbolo *ampersand* (**&**).

El método GET es útil para transmisión y recepción de **datos no sensibles** por HTTP. Para datos sensibles, puede emplearse el método POST.

El método POST: trabajar con datos enviados desde un formulario

Los datos enviados a través del método POST pueden ser recibidos en Python, utilizando la clase **FieldStorage** del módulo **cgi**:

```
from cgi import FieldStorage


form = FieldStorage()
campo = form['nombre_del_campo'].value
```

Carga de archivos con Python

Cuando lo que se desea enviar y recibir son archivos, debe tenerse la precaución de definir el tipo MIME del formulario como `multipart/form-data`:

```
<form action='/upload.py' enctype='multipart/form-data'
  method='POST' id='uploader'>
    <input type='file' name='foto'>
    <button type='submit'>Enviar</button>
</form>
```

Los archivos serán recibidos como cualquier otro campo enviado mediante POST, mediante `FieldStorage` y podrán guardarse mediante la estructura `with open`:

```
from cgi import FieldStorage


form = FieldStorage()
foto = form['foto'].value

with open('/path/to/uploaded_files/foto.png', 'wb') as f:
    f.write(foto)
```

Consideraciones sobre la seguridad

Al cargar archivos desde una interfaz Web, el directorio donde se vaya a crear el archivo debe tener permisos de escritura (777). No es aconsejable que un directorio en el que puedan escribir los usuarios sea accesible por HTTP (ni mucho menos, propiedad del usuario de Apache que equivale a que cualquier usuario de la aplicación sea el propietario), ya que implicaría que se tuviese acceso a archivos subidos con propósitos diferentes a los previstos. Este problema de seguridad, plantea entonces la necesidad de tener un directorio con permisos de escritura pero con acceso restringido a través de HTTP. Es decir, se necesita un directorio que no esté servido.

La **dificultad que plantea tener un directorio no servido**, es que no se tendrá acceso a los archivos desde HTML. Por ejemplo, si el directorio se utiliza para crear imágenes que luego deben ser mostradas o enlazadas desde archivos HTML, no se podría resolver sin servir el directorio.

Por lo tanto, las alternativas se reducen a:

1. Servir el archivo con Python (requiere leer el archivo, obtener su tipo MIME y enviarlo a Apache modificando las cabeceras).

2. Codificar el archivo con Base 64 para servirlo como parte del esquema de URL "data" (se explica más adelante).

La primera alternativa era relativamente simple de llevar a cabo hasta Python 2. Sin embargo, en Python 3, su complejidad la hace menos viable que la segunda alternativa. Por lo tanto, se elegirá la segunda opción.

Servir archivos estáticos con Python

Para entender mejor lo que aquí se propone, puede ser útil responder primero a la pregunta **«¿Qué significa servir un archivo?»**.

Cuando un archivo HTML es visualizado en un navegador Web y este contiene imágenes, hojas de estilo en cascada, bibliotecas de funciones JavaScript y otro tipo de formatos embebidos, por cada uno de ellos se está realizando una solicitud al servidor HTTP. Es decir, que cada uno de ellos se procesa en realidad, de forma independiente.

Por ejemplo, se puede pensar en un archivo HTML (*archivo.html*) que enlaza una hoja de estilos en cascada (*estilos.css*) y como parte de su diseño, contiene una imagen PNG (*imagen.png*). Si este archivo se hospedase en la raíz del dominio *eugeniabahit.co.uk*, por cada usuario que ingresase a *eugeniabahit.co.uk/archivo.html* se producirían en realidad, tres solicitudes al servidor HTTP de Apache:

```
eugeniabahit.co.uk/archivo.html
eugeniabahit.co.uk/estilos.css
eugeniabahit.co.uk/imagen.png
```

Cuando cada una de esas solicitudes se produce, el servidor HTTP de Apache (o cualquier otro servidor HTTP), enviará diferentes cabeceras al navegador Web. Esto implica que en cada caso, el tipo MIME será diferente:

- `text/html` para el caso de `archivo.html`

- `text/css` para el caso de `estilos.css`

- e `image/png` para el caso de `imagen.png`

Algo que puede parecer muy evidente, en ocasiones no se tiene en cuenta a la hora de servir archivos con Python o con cualquier otro lenguaje.

Cuando se trabaja con *scripts* CGI, las solicitudes no se hacen a */archivo.html* sino al *script* CGI (*script.py*). Este *script*, además de realizar unas operaciones propias, se encarga de mostrar el contenido HTML (que puede estar en un archivo HTML o embebido en el propio *script*).

Si se considera que:

- a) aquello que sería una solicitud a */archivo.html* pasará a ser una solicitud a */script.py*;

- b) que el *script* CGI será quien muestre el contenido HTML; y

c) que el HTML requiere mostrar una imagen (*imagen.png*) no servida,

la pregunta que se suscita entonces es ¿qué sucede si la imagen a mostrar no está servida? La respuesta inmediata es que un segundo *script* CGI (*script_imagen_no_servida.py*) es requerido para procesar y servir dicha imagen.

Esto implicará, por lo tanto, dos solicitudes: una a */script.py* y otra a */script_imagen_no_servida.py*. Por esta razón, el HTML ya no deberá enlazar la fuente de la imagen (atributo *src*) a *imagen.png* sino al segundo *script* CGI, como se muestra a en la comparación siguiente:

```
<img src="/imagen_servida.png">
<img src="/script_imagen_no_servida.py">
```

La forma habitual de resolver esto, incluso en Python hasta la versión 2.7 del lenguaje, es haciendo que el segundo *script* ejecute cuatro instrucciones:

1. Leer la imagen en modo binario.

2. Obtener el tipo MIME de la imagen.

3. Enviar las cabeceras HTTP con el tipo MIME de la imagen.

4. Enviar la imagen leída en el cuerpo del mensaje.

Esto se podía hacer con la simplicidad relativa con la que se hace habitualmente en otros lenguajes. Con la incorporación de los objetos de tipo *byte* en Python 3, no se puede realizar con la misma simplicidad (no bastan cuatro instrucciones) por lo que se necesita una forma alternativa.

Una opción viable (pero con limitaciones de longitud según el navegador) es emplear el esquema *data* de URL definido en las RFC 2397[13]. Mediante este esquema es posible codificar un mensaje en Base 64 y transmitirlo como parte del esquema de la URL. Esto tiene una limitación de longitud determinada por cada navegador pero como solución inicial es viable para servir archivos estáticos en Python 3.

El **esquema *data* de URL** presenta el siguiente formato:

```
data:[<mediatype>][;base64],<data>
```

Recordando el formato BNF: los corchetes indican que el dato es opcional y los signos menor qué y mayor qué se emplean para representar datos variables.

Los dos primeros parámetros, opcionales, corresponden al tipo MIME y a la especificación de que los datos se encuentran codificados con Base 64, respectivamente. El valor final, es el objeto codificado en Base 64.

El siguiente es un ejemplo sencillo y fácil de replicar manualmente. Se debe tener la precaución de respetar mayúsculas y minúsculas al escribir la siguiente línea en la barra de direcciones del navegador:

```
data:text/plain;base64,aG9sYQ==
```

Un ejemplo algo más complejo pero a la vez realista, podría ser el siguiente:

```
data:image/
png;base64,iVBORw0KGgoAAAANSUhEUgAAAJcAAACXCAMAAAAvQTlLAAAAZlBMV
EX///8BAQEAAAChoaHR0dG1tbXg4OD7+/scHBy4uLj39/
fX19fu7u7y8vLd3d2mpqZiYmIJCQno6OiRkZEyMjI/
Pz98fHzBwcFYWFhJSUkpKSl2dnbLy8tpaWlRUVEWFhaZmZmGhoYtF+8ZAAADHUlE
```

---

[13] https://tools.ietf.org/html/rfc2397

```
QVR4nO2ba1PqMBCGy2KVix7o4Q6i+P//5MkFS5umzY5C3p0z+
+AHBnHm5Skm22RTFIqiKIqiKIqiKMp/x/
sTOkGcklZv6AwxSqLDOzpEBJOLaDtDx+hgco2I1lN0jhDrywSj0ys6SRvry0BUle
goLbwv+6D9X3SYBldfThktXtBxam6+bLD9H3Seb26+vLKLkCGj6cs5O8iYmFq+vL
IvCUNG6MsGW+/Qqbq+vLITfMjo+hqJmJgivryz/
TM6V8SXvZbHMThXzJf7liELsz5fzll1gU1Mvb68swlqlB3yZR/
VCZar35dXBinMUr7szxfgjinly/9nTrN//
xm+XGGWWxnDl1c2zluYTTm+3JMle2Ia/
57FlpvLPOWuGNBdYFzG74vJrGUHP2jy4//gD4i2nFqW/
UnvBtGGUctm9+VeOCdr2fy+nLJjamKC+GLc/
kJ8OWWThUBf7uXNXJ4vp6xaSfTlbn/
7Rlmgr5FfMYjP5VBf7peT6CiL9eWVxSYmuC8brCo7tSxal8UkO4eFmQBf7i3VYib
Ol8VMTHOBvuy1pNVMni+/yLKT58s7q9dl0ZbamMJsJ9CXe/PyTZ4vP/y/
yPNVV9hoPy0ae5iifNXfekm+qLVIIMaXKfebtSva0hUrq1XrCPFFm+B2Ei3KYnef
w7pQgC8zxHfvvdGu7L5b7MYb7ovO0eUwtKy+tTCor4G1Q6SroU1AmC8aXpvG2YoM
Dnhfyb0PjCtaphZ+Ab4M3fUIuC/i7UXeaR+G74smrHaPO+Xiy9pyUhXF0+
+ZXxLGGt+srL0BU54w20uRMRVzH3kUFPBScgF6dVj9AB/
5e5sYviC9YOl+E0zv3LAv3v7sg3INjqSo3szB/q/
DwGbe43P1yroAT1j09xfy+0selCsua4ztLe/pX92je5Hj/
b7ortp4fzRscGjnCmQl2zayEPqqmDXpownOK+Qus3ppne/
4lHKKouHL5PuQIqu4+Ur13OSmPm91FnNEx3E9n7YWMTg0cOcMBZznCLG5jgLOv4S
U/
LbUrJRCzleFPIsZSRVFURRFURRFURRFBP8A4vg01XWKWT8AAAAASUVORK5CYII=
```

Si lo anterior se colocase en la barra de direcciones de un navegador como cualquier esquema de URL habitual, se podría visualizar una imagen cuadrada con fondo blanco y una flecha negra cuya punta se orienta hacia la derecha, similar a la que se muestra a continuación (tener en cuenta que el borde de la imagen solo se presenta a modo orientativo para señalizar los límites de la misma):

Como *data* es un esquema de URL similar a `http` o a `file`, puede emplearse para sustituir la llamada a cualquier esquema URL de cualquier tipo de archivo estático.

Para emplear este esquema se requieren dos operaciones:

- Obtener el tipo MIME del archivo que se desea servir.

- Obtener la codificación Base 64 de dicho archivo.

Ambas operaciones se describen a continuación.

Obtener el tipo MIME de un archivo

Si bien Python ofrece un módulo para trabajar con los tipos MIME llamado *mimetipes*[14], la forma más segura de obtener el tipo MIME real de un archivo es mediante la biblioteca `file` del sistema operativo, ya que *mimetipes* solo intenta "adivinar" el tipo MIME utilizando la *extensión* del archivo. Esto supone un riesgo de seguridad significativo, puesto que la extensión de un archivo es solo parte de su nombre pero no necesariamente una representación de su tipo MIME como se demuestra a continuación:

```
..$ ls private/
-rw-r--r-- 1 www-data www-data 210 ago  6 18:32 foto.png
..$ file private/foto.png --mime-type
private/foto.png: image/png
..$ cp private/foto.png private/foto.txt
..$ file private/foto.txt --mime-type
private/foto.png: image/png
```

Aquí se ve claramente que el archivo *foto.png*, incluso aunque se copie como *foto.txt*, es de tipo image/png. Sin embargo, *mimetypes* responderá que *foto.txt* es `text/plain`:

---

14   https://docs.python.org/3/library/mimetypes.html

```
>>> from mimetypes import guess_type
>>> guess_type('foto.txt')
('text/plain', None)
```

Demostrada la inexactitud, se determina entonces que la forma más segura de obtener el tipo MIME de forma precisa, es a través del comando `file`, el cual se puede ejecutar desde **Popen** como se muestra a continuación:

```
from subprocess import Popen, PIPE

img = '/path/to/uploaded_files/una_imagen'
commands = ['file', '--mime-type', img]
process = Popen(commands, stdout=PIPE)
mime = process.stdout.read().decode('utf-8')
mime = mime.split(': ')[1].replace('\n', '')
```

Codificar un archivo en Base 64

Para codificar un archivo en Base 64 se empleará la biblioteca *base64* de Python. Dado que el valor retornado será de tipo bytes, se decodificará su resultado en UTF-8:

```
from base64 import b64encode

with open(img, "rb") as f:
    contenido = f.read()

contenido = b64encode(contenido).decode('utf-8')
```

A partir de aquí, el esquema *data* de URL se podrá utilizar como valor de los atributos *src* del objeto *img* de HTML, o *href* del objeto *a*, completándolo con los valores *mime* y *contenido* obtenidos en los pasos previos.

El siguiente ejemplo se utiliza el esquema *data* para mostrar una imagen:

```
<img src="data: $mime; base64,$contenido">
```

En este otro ejemplo, las variables se utilizan para crear un enlace a un archivo PDF:

```
<a href="data: $mime; base64,$contenido">Ver PDF</a>
```

En los ejemplos precedentes, las variables **$mime** y **$contenido** serán reemplazados mediante `Template.safe_substitute`:

```
diccionario = dict(mime=mime, contenido=contenido)
html = Template(html).safe_substitute(diccionario)
```

22. Conexiones a bases de datos con MySQL® y MariaDB

Para trabajar con bases de datos, en todo lenguaje se deben reunir dos requisitos:

1. Un servidor de bases de datos (como MySQL®, MariaDB, PostgreSQL, entre otros).

2. Un conector de base de datos para el lenguaje, que es el que permitirá al lenguaje interactuar con la base de datos.

Tener en cuenta que **MariaDB es un fork de MySQL®**. Por lo tanto, si se tiene por costumbre utilizar MySQL®, probablemente no se noten diferencias utilizando MariaDB.

En el caso de MySQL® existe un conector desarrollado por el fabricante, denominado *MySQL Connector/Python*[15]. Se trata de una biblioteca privativa, no libre. Una versión libre con licencia GPL v3.0 es la

---

15   https://dev.mysql.com/doc/connector-python/en/

biblioteca *python-MySQLdb*[16]. Esta biblioteca sirve no solo para conexiones MySQL® sino también a MariaDB.

Recientemente en **Junio de 2020**, MariaDB lanzó su propio conector para Python, **MariaDB Connector/Python**. Hasta tanto transcurra el tiempo suficiente para considerarlo estable se recomienda utilizar MySQLdb. No obstante, se sugiere estudiarlo con la documentación oficial y mantenerse al día en cuanto a su avance:

https://mariadb.com/resources/blog/how-to-connect-python-programs-to-mariadb/

Los paquetes a instalar tanto para Debian como para Fedora y distribuciones derivadas de ambos, son los siguientes:

1. `mariadb-server`
2. `python3-mysqldb`

Configuración de MariaDB

Como usuario **root**, conectarse vía *Shell* a MariaDB:

```
..# mariadb -u root
```

El objetivo es crear un usuario nuevo con el cual poder conectarse desde los *scripts* CGI:

```
CREATE USER <nombre> IDENTIFIED BY '<clave>';
```

<nombre> y *<clave>* pueden ser cualquier cadena de texto que se desee, por ejemplo, el usuario *eugenia* con la clave *secret*:

---

16   https://mysqlclient.readthedocs.io/

```
CREATE USER eugenia IDENTIFIED BY 'secret';
```

A partir de aquí, es posible entrar al administrador de MariaDB con el nuevo usuario (y sin necesidad de hacerlo con el usuario *root* del sistema), y crear la nueva base de datos. La conexión (ahora con clave) se realizará con la instrucción:

```
..$ mariadb -u eugenia -psecret
```

Y para crear una nueva base de datos se ejecutará:

```
CREATE DATABASE <nombre>;
```

Donde *<nombre>* será el que se le quiera dar a la nueva base de datos. Por ejemplo, *nueva_db*:

```
CREATE DATABASE nueva_db;
```

Algunas **sentencias SQL para gestionar las bases de datos**, y que podrían ser útiles de recordar, se describen en la siguiente tabla:

Objetivo	Sentencia
Crear base de datos	`CREATE DATABASE <nombre>;`
Ver todas las bases de datos	`SHOW DATABASES;`
Eliminar base de datos	`DROP DATABASE <nombre>;`
Elegir una base de datos	`USE <nombre>`

Crear una tabla con el motor InnoDB (para bases de datos relacionales)	`CREATE TABLE <nombre> (`
	`  <campo_1> <caracteristicas_1>,`
	`  <campo_n> <caracteristicas_n>`
	`) ENGINE=InnoDB;`

Ver todas las tablas de una base de datos	`SHOW TABLES;`

Objetivo	Sentencia
Ver la estructura de una tabla	`DESCRIBE <tabla>;`
Eliminar una tabla	`DROP TABLE <nombre>;`
Crear usuario	`CREATE USER    <nombre>` `IDENTIFIED BY '<clave>';`

La lista completa puede verse en la documentación oficial de MariaDB y en la de MySQL:

- MariaDB: https://mariadb.com/kb/en/sql-statements/

- MySQL: https://dev.mysql.com/doc/refman/8.0/en/sql-statements.html

Trabajando con MariaDB y MySQL® desde Python

Teniendo el servidor de bases de datos y el conector correspondiente instalados, el acceso y consulta a bases de datos se realizará importando el conector:

```
from MySQLdb import connect
```

Para entender cómo funciona el acceso y consulta a una base de datos independientemente del servidor y del lenguaje, considerar que los pasos a seguir siempre serán los mismos:

1. **Abrir la conexión a la base de datos.** Esto implica: conectarse a un *host*, autenticarse con un usuario y contraseña en el servidor de base de datos, y elegir la base de datos sobre la cual trabajar. La apertura de la conexión, la autenticación y la selección de la base de datos, suelen ser tres operaciones para las que los

conectores ofrecen una sola que los ejecuta. En algunos lenguajes, pueden llevarse a cabo en tres operaciones independientes.

Por otra parte, esta conexión abierta al comienzo es como un programa que se abre: necesita cerrarse al finalizar el trabajo.

2. **Abrir un cursor.** Un cursor es una operación que se abre dentro de la conexión establecida, con la finalidad de almacenar los resultados devueltos por una consulta. Al igual que en el caso anterior, todo aquello que se abre debe cerrarse al finalizar el proceso.

3. **Ejecutar una consulta.** Una consulta es la sentencia SQL que será ejecutada sobre la base de datos especificada.

4. **Confirmar cambios.** Esta operación se realiza cuando se ejecutan instrucciones de escritura como **INSERT**, **UPDATE** o **DELETE**, entre otras.

5. **Recuperar los resultados de una consulta.** Esta operación se realiza cuando se ejecutan consultas de lectura como **SELECT**, **SHOW** o **DESCRIBE**, entre otras.

6. **Cerrar el cursor** abierto.

7. **Cerrar la conexión** abierta.

El siguiente diagrama de flujo (*flowchart*) puede ayudar a memorizar y entender las operaciones necesarias para escribir el código fuente de funciones de manejo de bases de datos en cualquier lenguaje y para cualquier servidor:

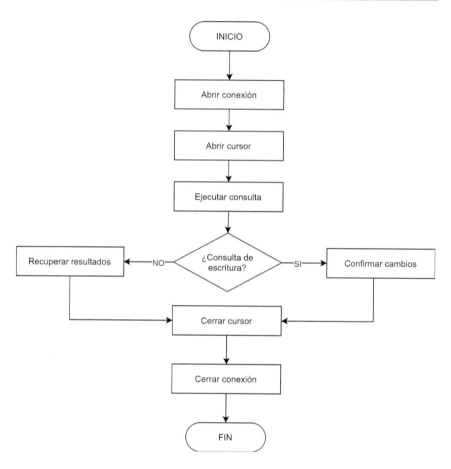

1. Ilustración: Diagrama de flujo de operaciones necesarias para acceso y consulta a bases de datos, independiente del lenguaje y del servidor de bases de datos.

Cada una de estas operaciones tienen un nombre específico en Python, definido en las PEP 249[17]. Sus nombres se describen en la siguiente tabla.

---

17 https://www.python.org/dev/peps/pep-0249

Operación	Nombre en Python
Abrir conexión	`connect`
Abrir cursor	`cursor`
Ejecutar consulta	`execute`
Confirmar cambios	`commit`
Recuperar resultados (todos)	`fetchall`
Cerrar cursor	`(connect) close`
Cerrar conexión	`(cursor) close`

Cada una de estas operación será implementada según el conector elegido. En el caso de *MySQLdb*, la implementación se realiza como se indica a continuación.

Abrir una conexión: requiere los datos de conexión a la base de datos como *host*, usuario, contraseña y nombre de la base de datos.

```
conexion = connect(
    host='localhost',
    db='una_db',
    user='un_usuario',
    pass='una_clave'
)
```

Otras opciones como número de puerto, la tabla de codificación de caracteres a utilizar, entre otras, también están disponibles[18].

Abrir un cursor: no tiene especificaciones particulares. Se abre sobre la conexión.

```
cursor = conexion.cursor()
```

Ejecutar la consulta: requiere que se le pase como parámetro la sentencia SQL a ejecutar. Se ejecuta sobre el cursor. Opcionalmente, si

---

18   https://mysqlclient.readthedocs.io/user_guide.html#mysqldb

la sentencia SQL recibirá datos externos, estos se pasarán como segundo parámetro. Pero esto se explica en el apartado de seguridad relativo a las inyecciones SQL.

```
cursor.execute(sql)  # la variable sql es la sentencia a
ejecutar
```

La sentencia SQL podría haber sido cualquier sentencia de las mencionadas previamente, o las más habituales de lectura y escritura. Algunos ejemplos se dan a continuación:

Seleccionar los campos nombre y apellidos de la tabla personas:

```
sql = "SELECT nombre, apellidos FROM personas"
```

Agregar a Juan Pérez en la tabla personas:

```
sql = """
    INSERT INTO personas
                    (nombre, apellidos)
        VALUES      ('Juan', 'Pérez')
"""
```

Modificar el apellido de la persona cuya ID es 15:

```
sql = """
    UPDATE      personas
    SET         apellidos = 'Pérez García'
    WHERE       persona_id = 15
"""
```

Eliminar de la tabla personas a la persona cuya ID es 15:

```
sql = "DELETE FROM personas WHERE persona_id = 15"
```

Confirmar los cambios: no tiene especificaciones particulares. Se confirman los cambios sobre la conexión (ya que la función del cursor solo es almacenar el resultado de las consultas).

```
conexion.commit()
```

Recuperar la ID del último registro sobre el que se confirmó una operación, suele ser útil cuando se está insertando un nuevo registro y su ID se genera de forma automática por la propia base de datos. En este caso, puede recuperarse a partir del cursor:

```
ultima_id = cursor.lastrowid
```

Recuperar todos los resultados: no tiene especificaciones particulares. Los resultados se recuperan a partir del cursor, en una tupla conformada internamente, por una tupla por cada registro encontrado.

```
resultados = cursor.fetchall()
```

La variable `resultados` será una tupla. Los elementos de esta tupla serán otras tuplas (una tupla por cada registro). Cada una de ellas corresponderá a un registro, y el valor de las columnas será cada uno de los elementos de esta tupla. Por ejemplo, para una tabla como esta:

```
+-----------------+----------------+
| tipodocumento_id | denominacion   |
+-----------------+----------------+
|               1 | Carta          |
|               2 | Comunicado     |
|               3 | Informe        |
+-----------------+----------------+
```

La tupla de resultados se vería como la siguiente:

```
(
    (1L, 'Carta'),
```

```
    (2L, 'Comunicado'),
    (3L, 'Informe')
)
```

Cerrar el cursor y cerrar la conexión: ninguna de las dos tiene especificaciones particulares.

```
cursor.close()
conexion.close()
```

Seguridad: prevención de inyecciones SQL

Se denomina inyección SQL al ataque informático producido a una base de datos, mediante el cual se logra «inyectar» en una sentencia SQL, código SQL que altere la sentencia original.

Esto suele producirse cuando una sentencia SQL se completa con datos aportados por el usuario. Un ejemplo sencillo de entender es si se tiene una sentencia SQL como la siguiente:

```
sql = """
    SELECT campo
    FROM   tabla
    WHERE  dato = '{}'
""".format(un_dato)
```

Esta sentencia se completa con el valor de una variable llamada **un_dato**, la cual almacena información aportada por el usuario. La sentencia podría estar esperando una cadena de texto genuina pero el usuario podría "cortar y extender" la sentencia con solo ingresar comillas simples. Si la variable **un_dato** tuviese un valor como este:

```
un_dato = "' or ''='"
```

La sentencia SQL final se vería afectada de la siguiente forma:

```
SELECT campo FROM tabla WHERE dato = '' or ''=''
```

La condición `''=''` siempre será verdadera por lo que la consulta SQL siempre retornaría como resultados todos los registros de la tabla (dejará expuestos el total de los registros).

La forma más directa de **prevenir inyecciones SQL** es no emplear *format* para completar las sentencias SQL con datos externos, sino preparar la sentencia con modificadores de parámetro y pasar los datos variables como segundo parámetro de **execute**.

Una sentencia SQL se prepara con modificadores de parámetro identificados por el signo de porcentaje y una letra *s* (independientemente del tipo de datos).

En el nuevo conector de MariaDB, el modificador de parámetro utilizado en el signo de interrogación **?**.

Sentencia NO preparada:

```
sql = """
    SELECT     campo
    FROM       tabla
    WHERE      dato = '{}'
""".format(un_dato)
```

Sentencia preparada:

```
sql = "SELECT campo FROM tabla WHERE dato = %s"
```

> NOTA: Con el nuevo conector de MariaDB para Python se escribiría un **?** en vez de **%s**.

No se utilizan las comillas ya que el propio conector se encargará de ello.

Como segundo parámetro de la operación *execute*, se pasarán los datos externos dentro de una tupla:

```
conexion.execute(sql, (un_dato,))
```

De esta forma, el propio conector se encarga de limpiar los datos y prevenir que pueda inyectarse código fuente en las sentencias SQL.

Función para automatizar consultas SQL

La siguiente es una función sencilla que recibe tres parámetros:

1. Un diccionario con los datos de acceso a la base de datos.

2. La sentencia SQL preparada, si es necesario, con sus modificadores de parámetro correspondientes.

3. Opcionalmente, una tupla con datos a ser enlazados a la sentencia preparada.

Esta función sigue el algoritmo del diagrama de flujo explicado más arriba. Utiliza la verificación por el opuesto (afirmación de la negación) para saber si la sentencia ejecutada ha sido de escritura. Si lo ha sido, confirma los cambios y recupera la ID del último registro sobre el que se confirmaron cambios. En caso contrario, recupera los resultados.

Retorna o bien la ID del último registro sobre el que se confirmaron cambios, o bien, una tupla de resultados.

```
from MySQLdb import connect
```

```python
def sql_execute(datos_acceso, sql, parametros=(,)):
    conexion = conexionect(**datos_acceso)
    cursor = conexion.cursor()
    cursor.execute(sql, parametros)

    if not sql.upper.find('SELECT') > -1:
        conexion.commit()
        data = cursor.lastrowid
    else:
        data = cursor.fetchall()

    cursor.close()
    conexion.close()

    return data
```

La variable **datos_acceso** será un diccionario con las claves *host* , *db* , *user* y *pass* :

```python
datos_acceso = dict(
    host='localhost',
    db='una_db',
    user='un_usuario',
    pass='una_clave'
)
```

23. Programación orientada a objetos con Python

En esta sección se hará una breve introducción al paradigma de la programación orientada a objetos, aspectos más elementales y cómo estos han sido implementados por Python. No se abarcarán conceptos avanzados o teóricos relativos al pensamiento computacional aplicado al análisis de objetos.

Breve introducción a la programación orientada a objetos

Un paradigma de programación es aquello que define la forma en la que la estructura y los elementos de un programa se deben construir. El paradigma de la programación orientada a objetos establece que un programa debe ser construido sobre la base de unos elementos que se denominan *objetos*.

Este paradigma propone la agrupación de datos y operaciones —relativas a esos datos—, en elementos que que los mantienen aislados del entorno.

Hasta aquí se ha visto cómo los datos (variables) y operaciones (funciones) se mantienen dispersas a lo largo de uno o más *scripts*. A partir de ahora, se verá que en la programación orientada a objetos estos datos y operaciones mantienen agrupados en estructuras de control denominadas *clases*.

De esta manera, mientras que en la programación estructurada un dato a y un dato b procesados mediante una operación c se veían de esta forma:

```
a = 25
b = 5


def c(a, b):
    return a * b


result = c(a, b)
```

En la programación orientada a objetos se encapsulan de esta otra:

```
class X:
```

```
a = 25
b = 5

def c(self):
    return self.a * self.b

x = X()
result = x.c()
```

Elementos y características de la programación orientada a objetos

La programación orientada a objetos define entonces, unos elementos y características que los lenguajes de programación que soportan este paradigma deben ofrecer. En lo sucesivo se explican estos elementos y características junto al código Python que los implementa.

Clases

Se define como clase a aquella estructura de control cuyo objetivo es definir los datos —denominados *propiedades*— y operaciones —denominadas *métodos*— necesarios para crear un objetos.

Métodos y propiedades

Los *métodos* son las operaciones definidas dentro de una clase mientras que las *propiedades*, los datos. Un método se ve como una función pero dentro de la clase, mientras que una propiedad, como una variable.

```
class A:

    b = 15
    c = 10

    def d(self):
        return self.b * self.c
```

En el ejemplo anterior, A es una clase; b y c , son sus propiedades; y d , su único método. *self* es una característica particular de Python de la que se hablará posteriormente.

Objetos

Se define como objeto a un conjunto de datos y operaciones encapsulados. Técnicamente, un objeto es la instancia de una clase (donde el término «instancia» se refiere a que la clase ha sido invocada). En términos prácticos, un objeto es una variable cuyo valor es la instancia de una clase.

```
class A:
    pass


a = A()
```

En el ejemplo previo, a es un objeto y $A\,()$ es la instancia de la clase denominada A .

Polimorfismo

Se denomina polimorfismo a la característica que posibilita que un único objeto pueda estar formado por más de un tipo de datos.

En el siguiente ejemplo, se dice que a es polimórfico debido a que posee más de un tipo de datos:

```
class A:
    pass


a = A()  # "a" es un objeto polimórfico
a.tipo_entero = 12
a.tipo_string = 'cadena de texto'
a.tipo_boolean = False
```

Encapsulado

Se denomina encapsulado a la característica que permite mantener aisladas dentro de un objeto, a sus propiedades y métodos. Esto significa que dos clases diferentes pueden definir datos y operaciones con, por ejemplo, los mismos nombres, pero estas no se superponen ni colapsan ni interfieren entre sí.

En el siguiente ejemplo se puede ver como $B.a$ está encapsulado mientras que a no lo está:

```
a = 15

class B:
    a = 7

a = a + 1
print(a)     # 16
print(B.a)   # 7
```

Solo el valor de la variable global a se incrementa mientras que el de la propiedad $B.a$ permanece inalterado.

Herencia

Se denomina herencia a la característica que permite que un objeto adquiera las propiedades y métodos de otro objeto del cual hereda.

```
class A:
    b = 15

class B(A):
    pass

c = B()
print(c.b)   # 15
```

En el ejemplo anterior, B es una clase heredada de A —esto, en Python se denota mediante $B(A)$ —. Esta clase, B, no define ninguna propiedad. Sin embargo, al crearse el objeto c, este hereda la propiedad b de la clase A.

Composición

Se denomina composición a la característica que permite que un objeto se convierta en un subconjunto de otro objeto.

En la composición existe un objeto que compone a otro (*compositor*) y uno que incluye a este entre sus propiedades (*compuesto*). Mientras que en la herencia los elementos de un objetos son elementos de otro objeto, en la composición, es un objeto quien pasa a ser el elemento de otro objeto.

```
class A:
    b = 15


# HERENCIA
class B(A):
    pass


# COMPOSICIÓN
class C:
    a = A()


print(B.b)
print(C.a.b)
```

Para entender la **diferencia entre herencia y composición**, puede llevarse a un plano más tangible, imaginando una pizza de tomate y otra de tomate y queso. Si se asume que la base de una pizza es la masa con tomate, entonces, la pizza de tomate y queso es una "evolución" de la pizza de tomate y por lo tanto *«hereda»* de ella, la masa y el tomate de los cuáles se *«compone»* (adicionalmente, también se compone de queso pero este no lo hereda).

Si se toma la analogía de la pizza como ejemplo, se obtienen las siguientes clases:

```python
class Queso:
    pass


class Tomate:
    pass


class Masa:
    pass


class PizzaDeTomate:

    masa = Masa()
    tomate = Tomate()
class PizzaDeTomateQueso(PizzaDeTomate):

    queso = Queso()
```

Visibilidad y Ocultación

Otra de las características de la programación orientada a objetos es que estos pueden ocultar sus métodos y propiedades. La visibilidad de los métodos y propiedades se maneja en tres niveles que permiten controlar el acceso a estos atributos:

- *Pública:* los métodos y propiedades son accesibles desde cualquier ámbito.

- *Protegida:* los métodos y propiedades son accesibles desde la propia clase y las clases que heredan.

- *Privada:* los métodos y las propiedades solo son accesibles desde el ámbito de la clase que los define.

En lenguajes de programación como C++, Java o PHP, esta característica de la POO se implementa mediante el uso de las palabras clave reservadas, *public*, *protected* y *private* como se muestra en los siguientes ejemplos:

Ejemplo en C++	Mismo ejemplo en PHP

```
class A {

    public:
        int b;
        float c;

    protected:
        char d[10];
        int e;

    private:
        float f;
};
```

```
class A {

    public $b;
    public $c;
    protected $d;
    protected $e;
    private $f;

}
```

Python no ofrece un mecanismo que satisfaga esta característica de la programación orientada a objetos, por lo que no existe un control de acceso nativo a propiedades y métodos.

Según se informa en la documentación oficial[19], quienes deseen programar en Python pueden apelar a una convención informal de escribir el código de propiedades y métodos que se desea considerar protegidos, agregando como prefijo un guión bajo. Pero esto es solo una

---

19   https://docs.python.org/3/tutorial/classes.html#private-variables

convención informal de escritura, que no tiene efecto real en el código. Por ejemplo, esta propiedad podría ser accedida desde fuera de la clase:

```
class A:

    _b = 15


print(A._b)  # 15
```

Al agregar al menos dos guiones bajos como prefijo, dado que Python reserva este nomenclatura para nombres propios, adiciona un prefijo extra con el nombre de la clase antecedido de un guión bajo:

```
class A:

    __b = 15
```

Aquí **__b** es convertido por Python en **_A__b**, lo que podría entenderse como una forma de escribir propiedades y métodos privados, debido a que cuando se intenta acceder a una propiedad cuyo nombre difiere del definido, un error será lanzado:

```
>>> class A:
...     __b = 15
...
>>> A.__b
Traceback (most recent call last):
  File "<stdin>", line 1, in <module>
AttributeError: type object 'A' has no attribute '__b'
```

Sin embargo, este efecto colateral, no ofrece un control de acceso nativo real, puesto que se puede acceder al atributo modificado empleando la misma regla que Python:

```
>>> A._A__b
15
```

Sobre el uso de *self* en Python

Cuando se define una clase se describen unas propiedades y unos métodos que en realidad hacen referencia al objeto que se creará a partir de ellas, y no a la clase en sí misma. Analizándolo en un pseudo código *ad hoc*, la interpretación sería la siguiente:

```
clase UnaClase:

    una_propiedad = 1

    funcion una_funcion():
        objeto.una_propiedad = 2
```

La palabra *self* —sí mismo, en inglés— (también utilizada en otros lenguajes), es la forma en la que Python se refiere al objeto. En PHP, por ejemplo, la palabra empleada es *this* (*self* se utiliza pero en otro contexto).

En el caso particular de Python, *self* debe pasarse como parámetro obligatorio en la primera posición de todos los métodos definidos en una clase, para que esta pueda disponer del objeto creado a partir de su instancia. Este requerimiento es un *requerimiento particular del lenguaje* y no, una característica de la programación orientada a objetos.

Artilugios de la programación orientada a objetos

En esta sección se presentarán algunos recursos ofrecidos de forma nativa por el lenguaje para el desarrollo de objetos, y otros, no disponibles pero sí resueltos empleando los recursos nativos.

El método constructor

El método constructor es aquel que se ejecuta de forma automática para inicializar las propiedades de un objeto cuando éste es creado. El nombre del método constructor se encuentra reservado, siendo `__init__()` para Python:

```
class A:
    def __init__(self):
        self.a = 10
        self.b = 25
```

Recorrido de propiedades

Mediante la función **vars()** de Python es posible recorrer sus propiedades de forma iterativa. Esta función retorna un diccionario cuyas clases son los nombres de las propiedades y los valores, el valor de las propiedades:

```
>>> a = A()
>>> vars(a)
{'a': 10, 'b': 25}
```

Si la clase *A* definiese sus propiedades fuera del método `__init__` la salida de *vars()* sería distinta:

```
>>> a = A()
>>> vars(a)
{}
```

Patrón de diseño compuesto y agregación

Cuando una propiedad está compuesta por un solo objeto es posible restringir el tipo de datos de la propiedad, en un lenguaje de tipado dinámico, empleando el ***patrón de diseño compuesto***. En algunos lenguajes de tipado dinámico, es el lenguaje quien ofrece este soporte de forma nativa. Por ejemplo, en PHP esto se haría de la siguiente forma:

```
class A {

    function __construct(B $b) {
        $this->b = $b;
    }

}
```

Si al crear un nuevo objeto de tipo A se pasara como parámetro una variable que no fuese de tipo B, un error sería lanzado:

```
php > $a = new A(25);
PHP Warning:  Uncaught TypeError: Argument 1 passed to
A::__construct() must be an instance of B, int given (...)
```

Esto es similar en la mayoría de los lenguajes, sin embargo en Python, no se ofrece este tipo de restricción para ser impuesta a variables y funciones en tiempo de ejecución[20]. El mismo comportamiento puede ser logrado de forma manual, verificando que el parámetro recibido sea una instancia del tipo esperado, y lanzado un error cuando no lo sea:

```
class A(object):

    def __init__(self, b):
        if isinstance(b, B):
            self.b = b
        else:
            tipo_recibido = type(b)
            msg = "Tipo B esperado, {} recibido".format(tipo_recibido)
            raise TypeError, msg
```

Este mismo mecanismo puede emplearse para implementar un **patrón de agregación**:

```
class A(object):

    def __init__(self):
        self.b_collection = []
```

---

20 Notar que módulos como *typing* están disponibles en Python desde la versión 3.5, pero no impone restricción de tipo en tiempo de ejecución.

```python
def add_b(self, b):
    if isinstance(b, B):
        self.b.append(b)
    else:
        tipo_recibido = type(b)
        msg = "Tipo B esperado, {} recibido".format(tipo_recibido)
        raise TypeError, msg
```

24. Pruebas unitarias

Existen varias bibliotecas para realizar pruebas unitarias en Python. Sin embargo, este libro se centrará en módulos de la biblioteca estándar.

Doctest

En Python existe una forma bastante simple y rudimentaria de realizar pruebas unitarias, cuya curva de aprendizaje es prácticamente imperceptible. Se trata de cadenas de texto insertadas en los comentarios, cuyo contenido se equipara al de una sesión interactiva de la *shell* de python. *Doctest*, localiza dichos fragmentos, los ejecuta y verifica que la salida obtenida sea igual a la mostrada en los comentarios. Solo se requiere ejecutar el *script* con el argumento -v para ver los resultados.

El siguiente fragmento de código pertenece a un archivo llamado *prueba.py*:

```python
#!/usr/bin/env python3
"""
>>> calcular_edad(1978)
42

>>> calcular_edad("1978")
42

>>> calcular_edad("xxx")
Traceback (most recent call last):
```

```
  ...
ValueError: invalid literal for int() with base 10: 'xxx'
>>> calcular_edad()
Traceback (most recent call last):
  ...
TypeError: calcular_edad() missing 1 required positional
argument: 'nacimiento'

"""


def calcular_edad(nacimiento):
    aaaa = int(nacimiento)
    edad = 2020 - aaaa
    return edad


if __name__ == "__main__":
    from doctest import testmod
    testmod()
```

Al ejecutar el archivo, solo el argumento **-v** hará correr las pruebas:

```
eugenia@bella:~/Documentos$ python prueba.py
eugenia@bella:~/Documentos$ python3 prueba.py -v
Trying:
    calcular_edad(1978)
Expecting:
    42
ok
Trying:
    calcular_edad("1978")
Expecting:
    42
ok
Trying:
    calcular_edad("xxx")
Expecting:
    Traceback (most recent call last):
      ...
    ValueError: invalid literal for int() with base 10: 'xxx'
ok
Trying:
    calcular_edad()
Expecting:
    Traceback (most recent call last):
      ...
    TypeError: calcular_edad() missing 1 required positional
argument: 'nacimiento'
```

```
ok
1 items had no tests:
    __main__.calcular_edad
1 items passed all tests:
    4 tests in __main__
4 tests in 2 items.
4 passed and 0 failed.
Test passed.
```

La documentación oficial se encuentra disponible en https://docs.python.org/3/library/doctest.html

Unittest

Menos rudimentario, para quienes ya poseen experiencia programando con pruebas unitarias, existe el módulo *unittest*, quien tampoco necesita ser instalado ya que desde la versión 2.1 forma parte de la biblioteca estándar de Python.

Métodos Assert

Una lista completa de los métodos *assert* se puede encontrar en la documentación oficial:

http://docs.python.org/library/unittest.html#assert-methods

Una diferencia particular con otros marcos de trabajo para pruebas unitarias, es que se pueden llevar a cabo pruebas con una sintaxis bastante simple, sin necesidad de recurrir a métodos *assert* específicos:

```
assert resultado == valor_esperado
```

Un ejemplo más concreto podría verse como el siguiente:

```
assert self.coverage.sumar_dos_numeros(5, 15) == 20
```

Donde *coverage* será la instancia al objeto del SUT.

Generalmente, por cada método assert existe su opuesto:

```
asserEqual(a, b)
asserNotEqual(a, b)
```

Cada método *assert* deberá recibir al menos un parámetro que será el resultado de ejecutar el código del SUT y opcionalmente, como último parámetro, puede recibir un mensaje personalizado para ser arrojado en caso de error:

```
asserEqual(a, b, msg='ERROR al comprobar igualdad')
```

Los métodos *assert* que requieren el paso de dos parámetros obligatorios (valores que deben compararse entre sí), generalmente guardan el siguiente orden:

```
metodoAssert(valor_recibido, valor_esperado)
```

Es decir, que el primer parámetro siempre será el valor recibido por la ejecución del código SUT y el segundo, el valor esperado.

A continuación, se muestra un ejemplo sencillo:

```
# -*- coding: utf-8 -*-
# Archivo TestCase: test_balance_contable.py
from unittest import main, TestCase
from balance_contable import BalanceContable


class BalanceContableTestCase(TestCase):

    # setUp()
    def setUp(self):
        self.coverage = BalanceContable()
        self.coverage.alicuota_iva = 21

    # assertEqual(valor_recibido, valor_esperado)
    def test_calcular_iva(self):
        self.coverage.importe_bruto = 2500
        result = self.coverage.calcular_iva()
```

```
        self.assertEqual(result, 525)

    # AssertTrue(valor_recibido)
    def test_alcanzado_por_impuesto_de_importacion_con_160(self):
        self.coverage.importe_bruto = 160
        result = self.coverage.alcanzado_por_impuesto_de_importacion()
        self.assertTrue(result)

    # AssertIsNone(valor_recibido)
    def test_alcanzado_por_impuesto_de_importacion_con_143(self):
        self.coverage.importe_bruto = 143
        result = self.coverage.alcanzado_por_impuesto_de_importacion()
        self.assertIsNone(result)


# Necesario para correr los test si es llamado por línea de comandos
if __name__ == "__main__":
    main()
```

A continuación, el código del SUT:

```
# -*- coding: utf-8 *-*
# Código SUT: balance_contable.py


class BalanceContable(object):

    def __init__(self):
        self.importe_bruto = 0
        self.alicuota_iva = 0

    # Calcular IVA sobre un importe bruto
    def calcular_iva(self):
        iva = self.importe_bruto * self.alicuota_iva / 100
        return iva

    # Determinar si un importe paga impuesto de importación
    def alcanzado_por_impuesto_de_importacion(self):
        # importes mayores a 150 USD pagan impuesto
        if self.importe_bruto > 150:
            return True
```

Descubriendo pruebas

Todas las pruebas de una aplicación pueden ejecutarse empleando el comando *discover*:

```
eugenia@host:~/proyectos$ python -m unittest discover
```

discover, "descubrirá" todas las pruebas, identificándolas por el nombre del archivo, el cual debe comenzar por el prefijo *test* (*discover* utiliza la expresión regular `test*.py` para identificar las pruebas). Además, debe tenerse en cuenta que el nombre de los métodos de prueba, también deben comenzar por el prefijo *test*.

En caso de querer ejecutar las pruebas de un único archivo, basta con correr dicho archivo:

```
eugenia@host:~/proyectos$ python test_balance_contable.py
```

Para una prueba en particular, a la línea anterior habrá que invocar al método de prueba que se desee ejecutar:

```
eugenia@host:~/proyectos$ python test_balance_contable.py \
    BalanceContableTestCase.test_calcular_iva
```

También es posible, pasar el parámetro `-v` a fin de obtener un reporte más detallado:

```
eugenia@host:~/proyectos$ python -m unittest discover -v
test_alcanzado_por_impuesto_de_importacion_con_143
(Test.test_balance_contable.BalanceContableTestCase) ... ok
test_alcanzado_por_impuesto_de_importacion_con_160
(Test.test_balance_contable.BalanceContableTestCase) ... ok
test_calcular_iva
(Test.test_balance_contable.BalanceContableTestCase) ... ok

----------------------------------------------------------------
Ran 3 tests in 0.001s

OK
```

Lightning Source UK Ltd.
Milton Keynes UK
UKHW021006140222
398659UK00010B/518